跆拳道运动系统训练

技战术与品势图解

马程浩 编著

人民邮电出版社

北京

图书在版编目（CIP）数据

跆拳道运动系统训练：技战术与品势图解 / 马程浩
编著. -- 北京：人民邮电出版社，2022.4
ISBN 978-7-115-58346-8

Ⅰ．①跆… Ⅱ．①马… Ⅲ．①跆拳道—运动训练
Ⅳ．①G886.9

中国版本图书馆CIP数据核字(2021)第260002号

免责声明

作者和出版商都已尽可能确保本书技术上的准确性以及合理性，并特别声明，不会承担由于使用本出版物中的材料而遭受的任何损伤所直接或间接产生的与个人或团体相关的一切责任、损失或风险。

内 容 提 要

本书共分为五章，第一章对跆拳道的起源与发展、作用与特点、礼仪与段位制等基础知识进行了介绍，第二章对竞技跆拳道中的实战姿势、步法、拳法、腿法及战略和战术等内容进行了讲解，第三章对太极品势与跆拳道黑带品势进行了展示，第四章对跆拳道击破、对打与自卫术进行了介绍，第五章对跆拳道的体能训练方法与营养基础进行了讲解。不论你是想成为跆拳道黑带，还是让自己的跆拳道学习更加有效，都可从本书中获益。

◆ 编　著　马程浩
责任编辑　刘　蕊
责任印制　马振武

◆ 人民邮电出版社出版发行　　北京市丰台区成寿寺路 11 号
邮编　100164　　电子邮件　315@ptpress.com.cn
网址　https://www.ptpress.com.cn
北京虎彩文化传播有限公司印刷

◆ 开本：700×1000　1/16
印张：15.25　　　　　　　2022 年 4 月第 1 版
字数：353 千字　　　　　　2025 年 9 月北京第 4 次印刷

定价：88.00 元

读者服务热线：(010)81055296　印装质量热线：(010)81055316
反盗版热线：(010)81055315

第一章
什么是跆拳道

第一节 | 跆拳道简介

当今的跆拳道最早可以追溯到 2000 多年前，其前身是历史上的各种技击术，如手搏、跆跟、角抵和唐手等；现代跆拳道大约在 20 世纪 50 年代才整合而成并开始向世界传播。跆拳道是一门武学技艺，是富含东方文化的传统体育运动，如今已经发展为在世界范围内被广泛练习的东方格斗技。跆拳道不仅仅训练身体格斗的技巧，更重要的是它让练习者通过身心训练来改善自己的精神和生活。在漫长的历史发展和演变中，跆拳道不断融入其他武术的特长，包括中国武术和日本空手道等东亚搏击术的精华，经过历代练习者的努力与探索，逐渐形成了现在风靡世界的跆拳道运动。如今，跆拳道已经成为一项国际性体育运动，并且已经在 2000 年成为奥运会正式比赛项目。

跆拳道（英文名：Taekwondo）以攻防格斗为主要内容，通过品势、实战、击破、自卫术、对打等训练方式达到锻炼身体、磨炼意志的目的。"跆"的意思是"脚法或腿法"，"拳"的意思是"拳法或格斗"，"道"的意思是"道路或纪律"。从字面上来看，跆拳道具有两层重要含义：第一，跆拳道是使用整个身体进行格斗的一种运动；第二，跆拳道是战胜自己、磨炼意志的一种方式。现代跆拳道不仅是一项综合体育运动，也诠释了人类在极端恶劣的环境下求生的能力。通过系统的跆拳道训练，练习者可以在搏击技能、行为规范、道德培养和完善人格等方面得到提升和发展。

第二节 | 现代跆拳道的发展

19 世纪 40 年代后期韩国的武艺进入快速发展时期。崔泓熙、李锺佑、蔡叔命等人开始进行使跆拳道独立于其他武道体系的探索。在此期间，各个武术高手开始在韩国各地开设道场，并且形成了段位制升级考核系统，具有代表性的道场有：青涛馆、武德馆、研武馆、悟道馆、正道馆、韩武馆等。1966 年，第一个国际化的跆拳道组织——国际跆拳道联盟（International Taekwondo Federation, ITF）在韩国成立，崔泓熙任总裁。1972 年 11 月 30 日，韩国跆拳道国技院成立。1973 年，世界跆拳道联盟成立，主席为金云龙。国际跆拳道联盟和世界跆拳道联盟是目前世界上两个主要的跆拳道组织，这两个组织对跆拳道的国际化发展起到了巨大的推动作用。

跆拳道现在已进入包括奥运会在内的各个重大体育组织与国际赛事。世界跆拳道联盟在 1975 年加入国际体育单项联合会，在 1980 年获得国际奥委会的承认，开始为跆拳道成为奥运会正式比赛项目而努力。跆拳道于 1986 年成为亚运会正式比赛项目；1987 年成为泛美运动会、东亚运动会和全非运动会的正式比赛项目；在 1988 年、1992 年两次成为奥运会表演项目；经过不断的努力和革新，1994 年，在法国巴黎召开的国际奥林匹克大会上跆拳道被列为 2000 年悉尼奥运会正式比赛项目，共设八枚金牌（男、女各四枚）。到 2021 年，跆拳道已经连续 6 届被列为奥运会正式比赛项目。在 2012 年伦敦奥运会上，跆拳道比赛开始使用电子护具，通过科技手段防止裁判误判或漏判，大大增加了比赛的公正性和客观性。

第三节 | 跆拳道的作用与特点

一、跆拳道的作用

（一）健身强体，修身养性

　　跆拳道拥有一个完整的武道训练体系，可以对练习者的身体健康产生积极的影响，如速度、耐力、力量、灵敏性和柔韧性等方面。此外，现代科学技术的发展导致很多人要"久坐"以完成学业或工作，缺乏足够的体育锻炼，跆拳道训练中的很多动作皆为舒展拉伸、跑跳结合等全身运动，能有效提高人体综合运动能力，为日后的工作和生活奠定一个坚实的身体基础。跆拳道除了可以像其他体育运动一样提升练习者的身体能力外，更重要的是，跆拳道还有磨炼意志的功能：练习者可以在跆拳道训练过程中培养坚韧不拔、吃苦耐劳、积极向上的性格特质。

（二）防身自卫

　　跆拳道具有很强的防身自卫功能。跆拳道训练中的实战训练和自卫术训练有助于提升练习者的实战能力。虽然现代社会有了武器和安保人员的保护，但是徒手格斗术在一些紧急场合依然可以起到非常重要的防身自卫作用。通过跆拳道训练而具备一定的防身自卫能力，这本身也可以增加练习者的勇气和信心。

（三）教育作用

　　跆拳道作为古老的东方格斗技，在现代社会最重要的作用之一就是教育作用。跆拳道可以培养练习者"以礼始，以礼终"的武道精神，并培养其"礼义廉耻，忍耐克己，百折不屈"的品质。

（四）娱乐观赏

跆拳道另一个主要的作用便是娱乐观赏。作为一种格斗对抗项目，跆拳道的主要攻击手段是腿法，迅速多变的腿法具有很强的观赏性。跆拳道的娱乐观赏作用体现在练习者可以通过跆拳道表演来展现自我，观摩者也可以在观看的过程中获得身心的愉悦。

二、跆拳道的特点

- 在竞技比赛中，以腿法为主要进攻武器。

- 在全球范围推广和实行段位制。

- 注重内外双修。

- 注重礼仪，培养"以礼始，以礼终"的武道精神。

- 以击破来检验练习者的功力。

- 在训练和比赛时身着道服和腰带。

- 在全球有统一的技术体系。

- 不断地创新。

第四节 | 跆拳道的礼仪与段位制

一、跆拳道的礼仪

"以礼始，以礼终"贯穿整个跆拳道教学与比赛，并对练习者产生潜移默化的影响。跆拳道的礼仪主要体现在尊敬师长、培养互相团结和互相学习的精神及谦虚互敬的人格特征。

（一）跆拳道站姿

两腿并拢，双脚脚跟与脚尖均并在一起，收腹、挺胸、抬头，目视前方，两手自然贴于大腿两侧的中间，五指并拢。

跆拳道站姿

（二）跆拳道敬礼

跆拳道敬礼 1　　　　　　　跆拳道敬礼 2　　　　　　　跆拳道敬礼 3

从站姿开始，以腰部为轴，身体前倾约 30 度，头部前屈约 45 度，两手自然下垂，稍微停顿后还原成起始姿势。

（三）道场的礼节

（1）跆拳道练习者进入道场训练时必须身着干净整洁的道服和自己所处级别对应的腰带，听从教练的指导和安排，和其他学员互相尊敬，共同提高。

（2）每次进入道场时要先向国旗敬礼，然后向教练敬礼问候。

（3）训练开始时去掉身上所有的饰品，并及时整理道服；整理道服时须转身背对国旗、教练和同伴。

（4）在训练和比赛过程中，以礼开始，以礼结束，热心帮助他人完成训练。

（5）训练过程中如果有急事，必须向教练请示，得到应允后方可离开道场。

（6）修剪整齐自己的手指甲和脚趾甲。

（7）训练结束后，听从教练指令向国旗敬礼，然后向教练敬礼；离开道场须再次向国旗敬礼，并向教练敬礼道别。

二、跆拳道的段位制

跆拳道在世界范围的广泛推广离不开它独具特色的段位制。跆拳道的段位制分为"十级""四品""九段"。严格的技术等级考核制度是跆拳道的一大特点，练习者水平的高低可以通过"级""品""段"来进行划分。其中，"级"包括十级至一级，十级最低，一级最高。腰带的颜色则代表着练习者不同的级别，从低到高依次为白带（十级）、白黄带（九级）、黄带（八级）、黄绿带（七级）、绿带（六级）、绿蓝带（五级）、蓝带（四级）、蓝红带（三级）、红带（二级）、红黑带（一级）、黑带（一段至九段）。

第二章
竞技跆拳道

　　竞技跆拳道是指参加比赛的格斗双方运用技术、战术来战胜对手的方法。竞技跆拳道是跆拳道的核心内容，也是奥运会跆拳道的比赛方法，竞技跆拳道训练是跆拳道练习者提高自身水平的重要方式之一。传统跆拳道的实战技能包罗万象，本章主要是针对以奥运会等现代跆拳道比赛为主的 WT 竞技比赛技术。

　　跆拳道的技术主要分为进攻技术和防守技术，是指格斗者运用自己的身体能力取得比赛胜利的攻防技术方法。相较于其他徒手格斗技术，跆拳道有自己的技术特色：第一，腿法为主；第二，鼓励主动进攻；第三，技术运用从实战出发。

第一节 跆拳道实战姿势

跆拳道实战姿势就是格斗者在进行实战时所使用的身体姿势，实战姿势应该符合以下原则。

（1）灵活性：可以迅速移动身体。

（2）平衡：可以保持身体平衡。

（3）隐蔽性：可以把身体的可能会被攻击的重要部位隐藏起来。

（4）放松：可以保持身体放松。

在实战中，不同运动员的实战姿势略有不同，但是以上原则是实战姿势的基本原则，从一开始训练就应该予以重视，以免养成不好的习惯后较难纠正。跆拳道的实战姿势分为左势和右势。

实战姿势：两脚前后开立，约与肩同宽，前脚脚跟和后脚脚尖约在一条线上，前脚脚尖内扣大约45度，后脚脚跟略微离地，双膝微曲，身体重心在双脚中间略微靠前的位置，上身大约45度斜对前方，双手握拳，前手约与肩平，后手放于靠近胸口的位置，两肘放松内夹保护肋部，头部朝向前方，目视对手的眼睛，用余光观察对手的全身。左脚在前称为左势，右脚在前称为右势。在实战比赛中，一个运动员用左势，另一个运动员用右势，称为开式站位；两个运动员都用左势或都用右势称为闭式站位。

实战姿势：左势（正面）

实战姿势：右势（正面）

实战姿势：左势（侧面）

实战姿势：右势（侧面）

第二节 ｜ 跆拳道步法

　　练拳先练步，熟练掌握步法可以让运动员在运用进攻和防守技术时抢占先机，脱离了步法的技术很有可能无法达到预期的攻防目的。跆拳道步法可以有效地控制距离与位置，通过步法移动还可以躲避对方进攻，所以练好步法是练习跆拳道的必修课。

（一）滑步

1. 前滑步

　　从实战姿势开始，前脚向前移动，移动距离视实战情况而定，后脚迅速跟上，呈实战姿势。

2. 后滑步

　　从实战姿势开始，后脚向后移动，移动距离视实战情况而定，前脚迅速后退，呈实战姿势。

3. 左滑步

　　从实战姿势开始，左脚向左移动，移动距离视实战情况而定，右脚迅速向左移动，呈实战姿势。

4. 右滑步

　　从实战姿势开始，右脚向右移动，移动距离视实战情况而定，左脚迅速向右移动，呈实战姿势。

（二）跳步

1. 前跳步

　　从实战姿势开始，两脚迅速离地，向前跳步，跳动距离视实战情况而定，完成后呈实战姿势。此步法适用于实战中的迅速移动。

2. 后跳步

从实战姿势开始，两脚迅速离地向后跳步，跳动距离视实战情况而定，完成后呈实战姿势。

3. 左跳步

从实战姿势开始，两脚迅速离地向左跳步，跳动距离视实战情况而定，完成后呈实战姿势。

4. 右跳步

从实战姿势开始，两脚迅速离地向右跳步，跳动距离视实战情况而定，完成后呈实战姿势。

5. 原地跳步

从实战姿势开始，两脚迅速离地在原地跳起，此步法多用于以腾空后踢阻截对手的进攻，完成后迅速还原呈实战姿势。

6. 跳换步

从实战姿势开始，两脚迅速离地在原地跳起，在跳起的同时转换格斗姿势，也就是从左势变为右势或由右势变为左势。

（三）交叉步

1. 前交叉步

从实战姿势开始，后脚迅速前移从前面与前脚交叉，同时前脚迅速离地向前移动，完成后迅速还原呈实战姿势。

2. 后交叉步

从实战姿势开始，前脚迅速后移从后面与后脚交叉，同时后脚迅速离地向后移动，完成后迅速还原呈实战姿势。

（四）上步

从实战姿势开始，后脚向前迈步，也就是从左势变为右势，或由右势变为左势。

（五）撤步

从实战姿势开始，前脚向后迈步，也就是从左势变为右势，或由右势变为左势。

（六）绕步

1. 左绕步

以左势为例，左脚向左移动 10 ～ 20 厘米，然后右脚向左移动大约 50 厘米，完成后迅速还原呈左势。移动距离视实战情况而定。

2. 右绕步

以左势为例，右脚向右斜前方向移动大约 50 厘米，然后左脚迅速向右后方移动呈右势。移动距离视实战情况而定。

（七）后踢步

从实战姿势开始，以前脚为轴，身体后转，后腿抬起，扣膝压肩，头向后转，目视前方，身体呈后踢姿势，完成后迅速还原呈实战姿势。

（八）后旋步

从实战姿势开始，以前脚为轴，身体后转，后腿抬起，头向后转，身体呈后旋踢姿势，完成后迅速还原呈实战姿势。

（九）360 度旋风步

从实战姿势开始，以前脚为轴，身体后转，后脚从后方迈过前脚，然后前脚进行旋风踢。熟练后可在空中完成变换步。

第三节 | 跆拳道拳法

在跆拳道比赛中，规则规定不可以用拳击打头部，而躯干都有护具的保护，所以拳法在现代跆拳道比赛中运用得不多。但是在近距离或阻截对手进攻时，拳法也可展现出快速和出其不意的效果。在跆拳道比赛中允许使用的拳法为直拳，攻击目标为躯干护具包裹处。

（一）握拳方法

伸出手掌，除拇指外其他四指的手指骨间关节相继弯曲握拳，然后拇指放在食指与中指的中节指骨上。

（二）前手直拳

从实战姿势开始，前手握拳向前直线出击，同时手臂内旋，拳心朝下；注意在接触攻击目标之前保持放松以增加出拳速度，在接触攻击目标时爆发用力，力达拳面，完成动作后迅速还原呈实战姿势。

前手直拳 1

前手直拳 2

（三）后手直拳

　　从实战姿势开始，后脚蹬地，转髋，后手握拳向前直线出击，同时手臂内旋，拳心朝下；注意在接触攻击目标之前保持放松以增加出拳的速度，在接触攻击目标时爆发用力，力达拳面，完成动作后迅速还原呈实战姿势。

后手直拳 1

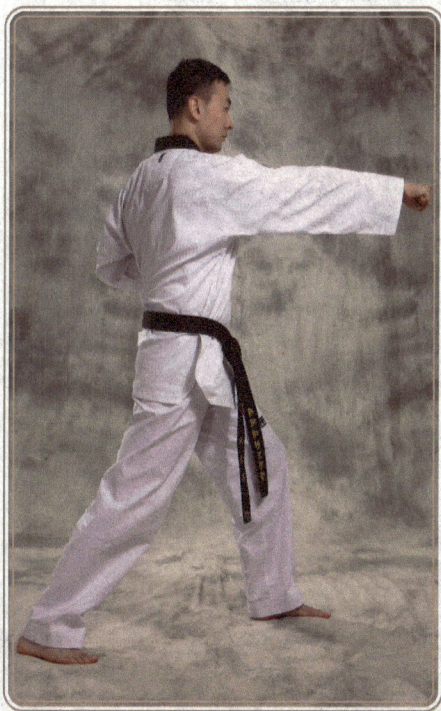

后手直拳 2

第四节 | 跆拳道腿法

　　跆拳道以其凶狠凌厉的腿法为主要攻击手段。传统跆拳道腿法很多，随着跆拳道比赛规则的演变，保留下来的是在比赛中实用性强、得分比例高的腿法。本节主要介绍现代竞技跆拳道比赛中常用的腿法技术。

（一）跆拳道基本腿法

1. 正踢腿

　　身体正对前方，腿向正上方抬起，尽量抬高，踢腿时尽量保持身体直立。

正踢腿 1

正踢腿 2

正踢腿 3

正踢腿 4

2. 里合腿

　　身体正对前方，腿从身体外侧抬起，由外向内画弧，踢腿的幅度要大，身体尽量保持直立。此腿法一般作为基本功练习，但是在近距离作战时可以起到出其不意的攻击效果。

里合腿 1

里合腿 2

里合腿 3

里合腿 4

里合腿 5

里合腿 6

里合腿 7

里合腿 8

3. 外摆腿

身体正对前方，腿从身体内侧抬起，由内向外画弧，踢腿的幅度要大，身体尽量保持直立，此腿法一般作为基本功练习。

外摆腿 1

外摆腿 2

外摆腿 3

外摆腿 4

外摆腿 5

外摆腿 6

（二）跆拳道进攻腿法

　　进攻腿法是跆拳道腿法的基础与精髓，练习者务必在刚开始学习时就把动作做标准，掌握正确的动作，以免养成错误的习惯后难以纠正。跆拳道腿法很多，此处列举十个最常用也最实用的腿法。

1. 前踢

　　从实战姿势开始，一条腿支撑，攻击腿蹬地提膝，送髋，小腿迅速弹击，力达脚背，完成攻击后迅速还原呈实战姿势。此腿法可攻击对手的下颌，当对手弯腰或重心不稳时可攻击对手的头部。

前踢 1

前踢 2

前踢 3

前踢 4

前踢 5

前踢 6

2. 推踢

从实战姿势开始，一条腿支撑，攻击腿蹬地提膝并尽量向胸口靠拢，然后转动支撑腿，送髋蹬击，力达脚跟或脚底，完成后收腿落地迅速还原呈实战姿势。推踢可用来攻击对手的胸腹、肋部和头部。

推踢 1

推踢 2

推踢 3

推踢 4

推踢 5

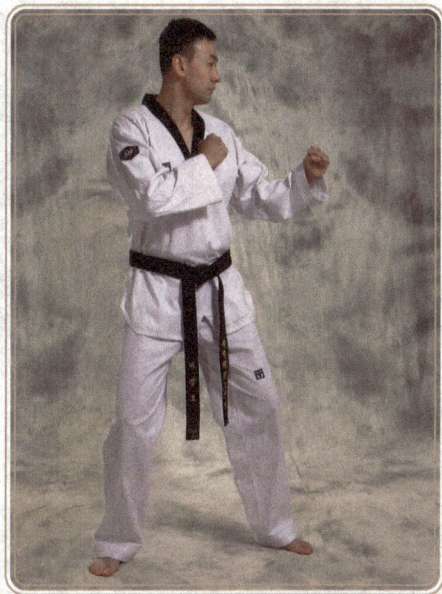
推踢 6

3. 横踢

从实战姿势开始，一条腿支撑，攻击腿蹬地并屈膝提起，同时转动支撑腿，送髋，小腿迅速弹击，力达脚背，完成动作后迅速还原呈实战姿势。此腿法可攻击对手的胸腹、肋部和头部。

横踢 1

横踢 2

横踢 3

横踢 4

横踢 5

横踢 6

4. 侧踢

从实战姿势开始，一条腿支撑，攻击腿蹬地并屈膝提起，转体收膝，身体侧对对手，迅速蹬踹对手，力达脚跟和脚底，然后收腿落地迅速转换实战姿势（与起始姿势相反）。侧踢主要用来攻击对手的胸腹、肋部和头部。

侧踢 1

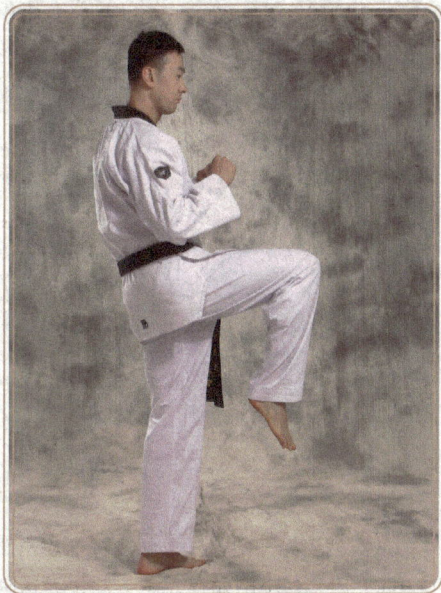
侧踢 2

侧踢 3

侧踢 4

侧踢 5

侧踢 6

5. 勾踢

从实战姿势开始，一条腿支撑，攻击腿蹬地并屈膝提起，转体收膝，身体侧对对手，由内向外屈膝勾小腿勾摆对手头部，力达脚底和脚跟，完成后迅速还原呈实战姿势。勾踢动作幅度小，杀伤力有限，一般用来攻击对手的头部。

勾踢 1

勾踢 2

勾踢 3

勾踢 4

6. 下劈

　　从实战姿势开始，一条腿撑地，攻击腿蹬地并从身体内、外侧或中间抬至对手头部上方，然后劈向对手，力达脚跟和脚底，完成动作后迅速还原呈实战姿势。下劈主要用来攻击对手的头部。

下劈 1

下劈 2

下劈 3

下劈 4

下劈 5

下劈 6

7. 后踢

　　从实战姿势开始，身体后转，看向攻击对手，一条腿支撑，攻击腿蹬地提膝，注意膝关节不要外摆，攻击腿用力向后直线蹬击，力达脚跟和脚底，完成后迅速收腿转换实战姿势（与起始姿势相反）。后踢主要用来攻击对手的头部、胸腹部和肋部。

后踢 1

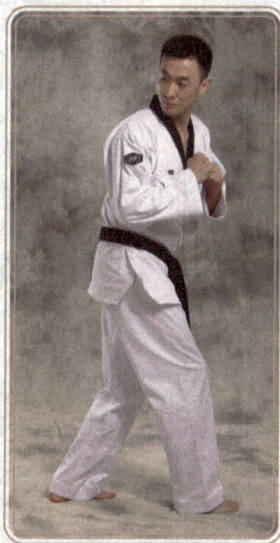
后踢 2

后踢 3

后踢 4

后踢 5

后踢 6

8. 后旋踢

从实战姿势开始，身体后转，看向攻击对手，一条腿支撑，攻击腿蹬地提膝，然后用力伸腿勾摆对手头部，力达脚跟和脚底，完成后迅速收腿还原呈实战姿势。后旋踢主要用来攻击对手头部。

后旋踢 1

后旋踢 2

后旋踢 3

后旋踢 4

后旋踢 5

9. 双飞踢

　　从实战姿势开始，先用后腿踢出横踢，第一记横踢可真可假，视实战时的具体情况而定；然后支撑腿蹬离地面发出第二记横踢，第二记横踢一般为真，力达脚背，完成动作后迅速收腿还原呈实战姿势。在运用时双飞踢注意动作的衔接速度是关键，故不可跳离地面太高，以免影响第二击的速度。双飞踢主要用来攻击对手的胸腹部、肋部和头部。

双飞踢 1

双飞踢 2

双飞踢 3

双飞踢 4

双飞踢 5

双飞踢 6

10.360 度旋风踢

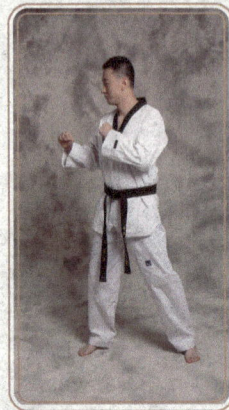

从实战姿势开始，以前脚为轴，身体后转，后腿离地随身体向后转动，当身体转到大约 180 度的时候，支撑腿蹬离地面，此时支撑腿变为攻击腿以横踢击打对手，力达脚背，完成后迅速收腿落地还原呈实战姿势。360 度旋风踢主要用来攻击对手的胸腹部、肋部和头部。

360 度旋风踢 1   360 度旋风踢 2   360 度旋风踢 3   360 度旋风踢 4   360 度旋风踢 5

360 度旋风踢 6   360 度旋风踢 7   360 度旋风踢 8

（三）跆拳道组合腿法

跆拳道组合腿法就是两个或两个以上腿法组成的连续进攻腿法。在跆拳道比赛中，组合腿法应用广泛，运动员可以根据自身特点进行组合，常见的有横踢 + 后踢，横踢 + 下劈，横踢 + 双飞踢，横踢 +360 度旋风踢 + 横踢，横踢 +360 度旋风踢 + 后旋踢，等等。练习者可根据自己的技术特点在教练的指导下进行练习。

第五节 | 跆拳道防守

有进攻就离不开防守。在比赛中合理、有效地运用防守技术可以取得比赛的优势，还可以达到比赛的战术目的。所有防守都是为了给我方争取进攻的机会，在练习时务必熟练掌握所有技法，并培养在防守中进攻的能力，攻防结合。

（一）主动进攻

主动进攻就是最好的防守，被动防守往往会使自己在比赛中处于劣势。在比赛中应主动寻找和创造机会发动攻击，争取比赛的主动权。

（二）躲闪

躲闪就是利用灵活的步法和身法躲开对手的进攻，从而争取到反击的有利时机。在躲闪时可向后、前、左和右进行快速移动，从而躲过对手的攻击点，使对手的攻击落空，然后争取到有利的进攻时机。躲闪的距离要恰到好处，以免躲得太远而失去了反击的时机，或躲得太近而没有躲开对手的进攻。要达到好的效果必须进行不断的训练和实战。躲闪在实战运用中主要包含：向后躲闪、侧闪、下潜躲闪、向前移动躲闪等。

（三）格挡

可运用手臂对来自上方、下方、左侧和右侧的攻击进行格挡，使对手无法击中我方要害。在实战中应尽量少用格挡，因为跆拳道中主要运用腿法进行攻击，且腿的力量远远大于手臂的力量，所以进行格挡时容易受伤或挡不住对手的重击。但是仍旧需要勤加练习。

（四）迎击

迎击是当对手发动攻击时，我方在对方还未击中时抢先击中对方或在被击中的同时击中对方。在迎击时可以使用直线型腿法，如推踢、侧踢和后踢，也可用横踢或后旋踢。在跆拳道比赛中如果运用迎击得当可以达到出其不意的攻击效果，从而挫败对手的锐气。练习者在达到一定水平后可进行迎击训练，使速度和反应达到使用迎击技能的要求。例如，对手用横踢进攻时，运动员不是躲闪，而是直接用后踢迎击对手。

（五）防守反击

防守反击，即防守在前、反击在后，在通过躲闪或格挡抓住有利时机后，向对手进行反击。例如，对手用横踢进攻，运动员用斜后滑步躲过对手的攻击，然后用横踢或下劈迅速反击。

第六节 跆拳道战略与战术

　　技术与战略相辅相成，技术在英文中叫作"Technique"，在跆拳道中指进攻和防守的技术；战略在英文中叫作"Strategy"，在跆拳道中是指为了达到重大比赛胜利的目的，对运动员的整体训练和比赛目标的总体规划。战略很多时候被教练或运动员轻视，没有战略的训练的有效性会大大降低。例如，一个运动员的目标是全国冠军，那么其他的训练和比赛都应该围绕这个战略目标服务，不能因为一些不太重要的目标使运动员过度训练和比赛，而在最后的关键比赛中无法达到最好的状态。战略制定要根据跆拳道练习者的具体目标而定。

　　战术在跆拳道中是指根据对战双方的技术优劣和临场对决的实战情况，以己之长，克敌之短，为取得比赛胜利而运用的策略与方法。要培养一个跆拳道冠军或跆拳道黑带高手，首先要有一个总体的战略规划，然后根据战略针对具体的比赛和对手制定战术，在战略和战术的指引下对运动员进行针对性训练。唯有这样，整个训练才有系统性，这种系统性训练可以最大限度地开发练习者的潜能。

　　跆拳道比赛战术的制定与运用是建立在比赛双方的技术特点和身体、心理素质基础之上的。其目的就是在比赛中获得主动权，创造得分条件，特别是在双方技术、体能差距不大的情况下，能够有效地对技术和体能进行合理运用从而获得比赛的胜利。以下是一些基本的跆拳道战术。

（一）进攻战术

　　进攻是最好的防守，如果自己在技术上有明显的优势，可以采取进攻战术赢得比赛的主动权。跆拳道的进攻战术包含直接进攻、强攻、连续进攻等。

（二）KO 战术

　　在比赛中有明显优势，或自己在点数上明显落后又无时间反超的时候，可以寻找机会以击倒为目的运用 KO 战术。

（三）假动作

　　在比赛中声东击西，运用假动作或表情来迷惑对手，为自己创造好的攻击时机。

（四）制长战术

制长战术指在比赛中限制对手发挥优势，从而战胜对手。

（五）制短战术

制短战术指在比赛中寻找对手的弱点进行攻击。

（六）反击战术

反击战术指在比赛中采取防守反击来取得比赛的胜利。在跆拳道比赛中，进攻与防守好比矛和盾，双方通过进攻与防守来相互制约。反击就是在对手进攻的时候抓住其破绽进行攻击，从而得分或取得比赛的胜利，常用的反击战术有防守反击和迎击。

（七）边角战术

边角战术指充分利用比赛的边界线及规则把对手逼到边角，以限制对方技术的发挥和影响对手的心理状态。

（八）绝技战术

每个运动员都有自己的一个或多个绝技，绝技战术指在比赛中以其他技术为诱饵，给自己用绝技进攻创造条件，然后施展绝技以取得比赛的优势和胜利。

（九）心理战术

心理战术是指在赛前及赛中采取一些行动或策略影响对手的心理状态。

（十）分配体力战术

分配体力战术指在比赛中合理地分配自己的体力，想办法消耗对方的体力，从而赢得比赛的胜利。

（十一）规则战术

规则战术指在跆拳道比赛中利用比赛规则获得优势，从而取得比赛的胜利。例如，运用有效的方法使对手犯规从而导致对手被扣分。

第七节 | 竞技跆拳道训练方法

（一）热身与整理运动

热身运动就是正式训练前的准备活动，其目的是让练习者在身体和心理上为接下来的训练或比赛做好准备。热身运动可以提高肌肉温度，增加血液流量及减少肌肉黏滞性。跆拳道的热身运动包含一般准备活动（慢跑、肌肉拉伸等）和专项准备活动（基本腿法练习、提膝练习等）。整理运动也是非常重要的，它可以让我们的身体从高强度的训练中恢复到正常状态。常用的整理运动有慢跑、拉伸等。

（二）空击练习

空击练习是跆拳道最基本的技术练习。练习者可以面对镜子练习来检查自己的技术动作，并对错误的动作加以纠正；还可与假想对手进行技战术训练，用于巩固和提高技术的熟练程度。

（三）小脚靶练习

小脚靶练习是重要的跆拳道技术训练方法之一，它是由教练或搭档持脚靶，练习者踢脚靶，从而锻炼练习者的跆拳道技术。练习对象可以是单个技术，也可以是动作组合。

（四）大脚靶练习

大脚靶也就是盾牌形状的脚靶，主要用于锻炼练习者的踢击动作和击打力量。大脚靶练习适用于后踢、横踢、侧踢和推踢等腿法。

（五）沙袋练习

沙袋练习是一种非常有效的技术训练方法，可以锻炼练习者的击打力量和体能。可以根据不同的训练目标采取不同的训练方法。例如，要提高动作的速度和击打力量，可反复用一个动作或组合动作击打沙袋，要求击打有力度、速度快。如果要训练体能，练习者可以进行与比赛时间相同的、不间断的击打练习，并且结合步法，从而提升体能。

（六）喂招练习

喂招练习是指教练或搭档用脚靶或护具按照特定的技战术要求给练习者喂招，以提升练习者的反应能力和技术的熟练程度。

（七）不接触攻防练习

不接触攻防练习是指两个练习者互为搭档，进行不接触的攻防训练。

（八）条件实战

条件实战是指有条件限制的实战训练。例如，只能使用特定的腿法、不允许攻击头部等。这种练习针对性强，是初学者和战术训练时常用的一种训练方法。

（九）实战练习

实战练习是指按照比赛的要求进行实战训练，可以提高练习者在比赛规则下运用技战术的能力。

（十）战术训练

战术训练是指有针对性地让练习者进行战术练习，让练习者能够熟练而灵活地在比赛中运用特定技战术取得胜利。常用的战术训练方法有分解训练、配合训练、思维训练、条件实战及实战训练等。

（十一）心理素质训练

心理素质训练是指有意识地培养和训练跆拳道练习者的心理素质。常用的心理素质训练方法有呼吸调节训练、音乐调节训练、超过正常训练强度的意志力训练，以及实战比赛训练等。

第三章
跆拳道品势

　　品势（Poomsae）是指将跆拳道进攻与防守动作沿着品势线进行演练，是以传统跆拳道攻防技术原理为基础编排的动作组合。品势练习可以使练习者熟练掌握跆拳道的技术体系和培养跆拳道精神。在练习时应该着重强调对动作刚柔、动作节奏、身体平衡、呼吸调控、速度缓急及视线的掌控。品势是跆拳道最重要的组成部分之一，要熟练地掌握品势需要练习者反复不断地练习，领悟动作的内涵，并且在品势训练中将个人特点融入动作之中以求融会贯通。

마 정 호

（一）品势的优势

• 跆拳道品势包含了更多类型的跆拳道技术动作，包括涉及手、肘和膝等部位的不能在竞技跆拳道比赛中使用的技术动作。

• 品势练习可以帮助跆拳道练习者体会跆拳道内涵，使跆拳道训练更加完整。

（二）品势练习的关键

• 以礼始，以礼终。

• 耐心。

• 当遇到新的技术动作时，不断地练习直到掌握它。

• 明白不同动作之间的关系。

• 掌握好动作的节奏。

（三）品势训练原则

• 动作要有节奏。

• 每一个品势动作都由准备动作和动作本身组成。

• 在训练时将训练想象成真实的格斗。

• 做动作时注意身体方向、手的位置和站姿。

• 动作衔接流畅。

• 注意不要做多余的动作。

• 完全掌握一个品势后再学习下一个。

• 在练习时将精神、力量和技术相结合。

（四）品势练习的要素

1. 准备姿势

（1）在品势练习开始之前，集中自己的注意力，对周围保持警觉，让身体进入战斗状态。

（2）在品势练习时想象在与对手格斗。

（3）当品势练习结束时，还原到准备姿势，重新集中自己的注意力，将每一个结束视为新的开始。

2. 站姿

根据脚的位置的不同和身体重心的移动等因素的影响，在品势练习时会有不同的站姿。例如，直立、弓步等。

3. 目光

在做每一个动作的时候都有目视的方向，一般情况下会目视自己的攻击目标，然后用余光观察周围，眼神要充满自信和坦然。

4. 力道

大部分跆拳道的动作开始时是相对放松的，然后在击打目标的过程中不断地增加力道。在动作开始时保持放松，然后在接触攻击目标时运用爆发力。

5. 呼吸

在跆拳道练习中，动作是通过呼气和吸气来配合发力的，呼吸的节奏对攻防动作非常重要。呼吸配合可以使练习者维持较好的体能状态，总体上是吸气蓄力、呼气发力。

6. 发声

发声在跆拳道训练中非常重要，它是练习者战斗精神的外在表现。发声还可以帮助练习者集中注意力和调整呼吸。

7. 准确

所有的品势动作，包括站姿、格挡、拳法和腿法等，都应该保持准确性。

8. 假想敌

因为品势是一个人训练的动作组合，所以在练习时要给自己创造一个假想敌，这样才能帮助自己集中注意力，使练习事半功倍。

9. 注意动作的同步

在练习品势时，注意自己的步伐、身法与眼法的一致性。

10. 保护自己的要害

在练习品势的攻击动作时，注意要有意识地防止对手攻击自己的要害。

11. 速度

品势中每一个动作都有不同的速度，要在练习中满足每个动作应有的速度要求。

12. 弹性

在品势练习中，很多时候需要弯曲或伸展身体的某一部分，所以保持动作的弹性非常重要。

13. 聚焦

在练习时集中注意力于当下进攻和防守的动作，专注于自己的攻击目标可以培养自己专注的精神。

14. 力与反作用力

在练习中注意每一个力都有一个反作用力，所有的动作要做到收放自如。

15. 平衡

在练习中注意保持身体的平衡与重心稳定。

（1）站距越宽，身体越稳。

（2）重心越低，身体越稳。

（3）重心越靠近身体的中线，身体越稳。

16. 精神

聚焦、沉着、自信。

17. 礼仪

每次开始和结束都要鞠躬敬礼。

（五）品势练习的五个阶段

1. 动作

掌握品势的基本动作，包括集中注意力和动作准确，以及目光配合等。

2. 意义

掌握品势动作的意义。重点强调重心平衡、动作节奏、力量强弱、呼吸配合，以及品势路线。

3. 应用

掌握品势动作在实战中的运用。

4. 个人特点

练习者根据自己所掌握的品势结合自己的体格、速度、力量、爆发力及训练的重点，形成自己的风格。

5. 融会贯通

练习者通过不断地练习跆拳道品势及领会其含义，达到融会贯通。

（六）品势训练注意事项

品势训练在跆拳道练习中占很大比重，在品势训练中练习者应该注意哪些事项？怎样才能使训练达到最佳效果？下面是跆拳道品势训练应该注意的一些重要事项。

（1）专心：在训练时一心一意练习，不要被其他事情影响。注意力不集中会大大降低训练效果，而且还会增加受伤的可能性。

（2）在开始练习新品势的时候要把动作做标准，形成正确的动作模式。在训练的过程中，每次学习新的动作都是新的挑战。更加重要的是，一旦形成错误的动作习惯，改正时需要付出更大的努力。

（3）在练习时最好由高水平且具有长期教学经验的教练指导。

（4）身体素质的训练。如果一个练习者缺乏柔韧性、动作没有力度或者身体协调性不好，品势的质量一定会受到影响。身体素质和技术动作是相辅相成的，缺一不可。

（5）复习。不管一个人的记忆力再好，长时间不练习也会遗忘。跆拳道每一个级别都有自己的品势，越往后越复杂，很有可能记住后面的忘记前面的。所以要把品势练好，需要不断地复习。

第一节 | 太极品势

　　太极品势是世界跆拳道联盟的官方指定品势，所有黑带以下升级考试都要进行太极品势训练。太极由跆拳道中的进攻和防守技术组成。其中"太"意为"宏大"，象征宇宙；"极"意为"无限"或者"根本"；"太极"在跆拳道中意为"万本之源"。太极品势包含了基础攻防技术和深奥的哲学含义，涵盖了练习者自身与对手、自身与环境、身体和精神、胜与败等的关系。

　　太极的起源：太极来源于古老的东方哲学，也就是"阴阳"学说。阴阳互为反面，却合二为一。例如，白天和黑夜，攻击与防守等。阴阳可以相互转化而形成自己的平衡。阴阳可分为八个阶段，即天、风、水、山、地、雷、火、河。"阴阳"学说在品势训练中的应用：挑战与回应、攻击与防守、快与慢、重与轻；意为攻中有防，防中带攻，攻守兼备。

　　太极一章：天（意为坚实的基础）。

　　太极二章：河（意为内在的强大与外在的温和）。

　　太极三章：火（意为热情似火）。

　　太极四章：雷（意为不可忽视的力量与尊严）。

　　太极五章：风（意为温和的力量）。

　　太极六章：水（意为灵活）。

　　太极七章：山（意为决心与力量）。

　　太极八章：地（意为生长之源）。

品势的立正和准备姿势

品势的立正姿势：两脚的脚跟、脚尖并拢，收腹，挺胸，抬头，目视前方，两手自然下垂贴放于身体两侧。

品势的立正姿势

品势的准备姿势：从品势的立正姿势开始，左脚向左迈步约与肩同宽，两手握拳从腹部向上提到胸部并同时吸气，两拳从胸部下移到小腹并在下移的同时呼气，移动到小腹后保持不动，收腹挺胸，目视前方。

品势的准备姿势 1

品势的准备姿势 2

品势的准备姿势 3

一、太极一章

在跆拳道品势中，太极一章的含义是八卦中的"乾"，代表"天空"，意为万物的初始。太极一章是跆拳道中最为基础的一个品势，它包含了跆拳道的一些基本技术动作，如行走步、低位格挡、高位格挡、里格挡、中位直拳及前踢等。太极一章总共包含 18 个动作，它可以帮助练习者为学习更复杂的技术动作打好根基。

开始： 从立正姿势开始到准备姿势，两脚距离约与肩同宽，目视前方。

1： 左脚向左移动成左行走步，同时左手低位格挡。

太极一章开始

太极一章 1

2：右脚向前迈步成右行走步，同时右手打出中位直拳。

3：左脚为轴，右脚朝顺时针 180 度方向上步成右行走步，同时右手低位格挡。

太极一章 2

太极一章 3

4：左脚向前迈步成左行走步，同时左手打出中位直拳。

5：左脚向逆时针 90 度方向（也就是起始位置的前方）上步成左弓步，同时左手低位格挡。

太极一章 4

太极一章 5

6：弓步姿势不变，右手打出中位直拳。

7：右脚朝顺时针 90 度方向上步成右行走步，同时左手中位里格挡。

太极一章 6

太极一章 7

8：左脚向前迈步成左行走步，同时右手打出中位直拳。

9：左脚朝逆时针 180 度方向上步成左行走步，同时右手中位里格挡。

太极一章 8

太极一章 9

10：右脚上步成右行走步，同时左手打出中位直拳。

太极一章 10

11：右脚向顺时针 90 度方向上步成右弓步，同时右手低位格挡。

太极一章 11

12：弓步姿势不变，左手打出中位直拳。

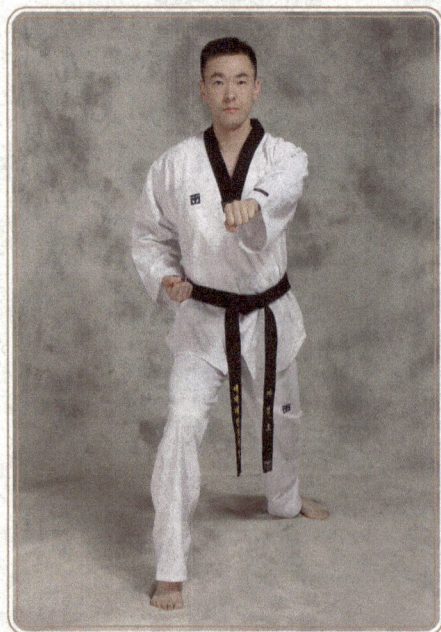

太极一章 12

13：左脚朝逆时针 90 度方向上步成左行走步，同时左手高位格挡。

太极一章 13

14a: 右脚前踢。

太极一章 14a

14b: 前踢后右脚落在前面成右行走步，同时右手打出中位直拳。

太极一章 14b

15: 右脚朝顺时针 180 度方向上步成右行走步，同时右手高位格挡。

太极一章 15

16a: 左脚前踢。

太极一章 16a

16b: 前踢后左脚落在前面成左行走步，同时左手打出中位直拳。

17: 左脚朝顺时针90度方向上步成左弓步，同时左手低位格挡。

太极一章 16b

太极一章 17

18: 右脚上步成右弓步，同时右手打出中位直拳并发声。

结束: 左脚逆时针旋转180度还原成准备姿势。

太极一章 18

太极一章结束

二、太极二章

在跆拳道品势中，太极二章对应八卦中的"兑"，代表"河"，意为内在的强大和外在的温和。在打太极二章时注意动作的连贯与内力的收放，并且注意重心的自然转换。太极二章总共有 18 个动作。

开始：从直立姿势开始到准备姿势，两脚距离约与肩同宽，目视前方。

1：左脚向左移动成左行走步，同时左手低位格挡。

太极二章开始

太极二章 1

2：右脚向前迈步成右弓步，同时右手打出中位直拳。

3：左脚为轴，右脚朝顺时针 180 度方向上步成右行走步，同时右手低位格挡。

4：左脚向前迈步成左弓步，同时左手打出中位直拳。

太极二章 2

太极二章 3

太极二章 4

5：右脚为轴，左脚向逆时针 90 度方向上步成左行走步，同时右手中位里格挡。

6：右脚向前迈步成右行走步，同时左手中位里格挡。

太极二章 5

太极二章 6

7：右脚为轴，左脚朝逆时针 90 度方向上步成左行走步，同时左手低位格挡。

8a：右脚前踢。

太极二章 7

太极二章 8a

8b： 右脚前踢后落在前面成右弓步，同时右手打出高位直拳。

太极二章 8b

9： 左脚为轴，右脚朝顺时针 180 度方向迈步成右行走步，同时右手低位格挡。

太极二章 9

10a： 左脚前踢。

太极二章 10a

10b： 左脚前踢后落在前面成左弓步，同时左手打出高位直拳。

太极二章 10b

11：右脚为轴，左脚朝逆时针 90 度方向上步成左行走步，同时左手高位格挡。

12：右脚上步成右行走步，同时右手高位格挡。

13：右脚为轴，左脚朝逆时针 270 度方向迈步成左行走步，同时右手中位里格挡。

太极二章 11

太极二章 12

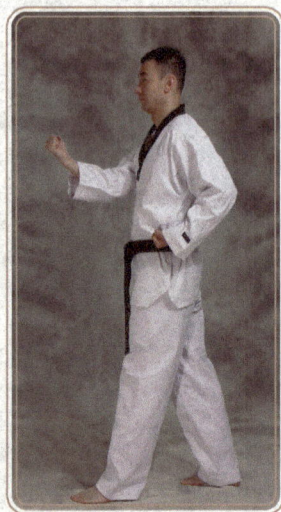

太极二章 13

14：左脚为轴，右脚稍微右移，身体顺时针旋转 180 度成右行走步，同时左手中位里格挡。

15：右脚为轴，左脚朝逆时针 90 度方向上步成左行走步，然后左手低位格挡。

太极二章 14

太极二章 15

太极二章 15 侧面

16a: 右脚前踢。

太极二章 16a

太极二章 16a 侧面

16b: 右脚前踢后落在前面成右行走步，同时右手打出中位直拳。

太极二章 16b

太极二章 16b 侧面

17a: 左脚前踢。

太极二章 17a

太极二章 17a 侧面

17b: 左脚前踢后落在前面成左行走步，同时左手打出中位直拳。

太极二章 17b

太极二章 17b 侧面

18a: 右脚前踢。

太极二章 18a

太极二章 18a 侧面

18b: 右脚前踢后落在前面成右行走步，同时右手打出中位直拳并发声。

结束: 左脚逆时针旋转 180 度还原成准备姿势。

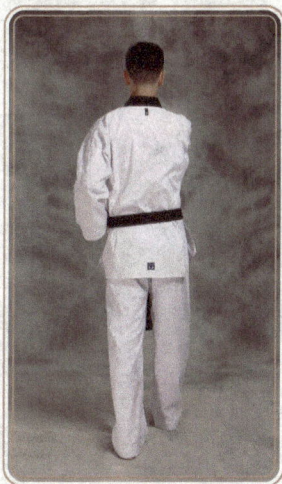

太极二章 18b

太极二章 18b 侧面

太极二章结束

三、太极三章

太极三章对应八卦中的"离",意为"火"。这个阶段代表练习者训练越投入,就越有热情。太极三章包含了一些新的技术动作,如手刀进攻、手刀防御等。在练习时,注意动作的连续性及格挡后快速反击的能力。太极三章共由 20 个技术动作组成。

开始: 从直立姿势开始到准备姿势,两脚距离约与肩同宽,目视前方。

1: 左脚向左方迈步成左行走步,同时左手低位格挡。

太极三章开始

太极三章 1

2a: 右脚前踢。

2b、2c: 右脚前踢后落在前面成右弓步,然后右手、左手依次打出中位直拳。

太极三章 2a

太极三章 2b

太极三章 2c

3: 左脚为轴，右脚朝顺时针 180 度方向
迈步成右行走步，同时右手低位格挡。

4a: 左脚前踢。

太极三章 3

太极三章 4a

4b、4c: 左脚前踢后落在前面成左弓步，然后左手、右手依次打出中位直拳。

太极三章 4b

太极三章 4c

5：左脚向逆时针 90 度方向上步成左行走步，同时右手进行内手刀攻击。

6：右脚上步成右行走步，同时左手进行内手刀攻击。

太极三章 5

太极三章 6

7：左脚向逆时针 90 度方向移动成右后弓步，同时左手单手刀中位外格挡。

8：左脚前移成左弓步，同时右手打出中位直拳。

太极三章 7

太极三章 8

9：左脚为轴，滑动右脚，身体顺时针旋转180 度成左后弓步，同时右手单手刀中位外格挡。

太极三章 9

10：右脚前移成右弓步，同时左手打出中位直拳。

太极三章 10

11：左脚移动，身体逆时针旋转 90 度成左行走步，同时右手中位里格挡。

太极三章 11

12：右脚上步成右行走步，同时左手中位里格挡。

太极三章 12

13：右脚为轴，左脚移动，身体逆时针旋转 270 度成左行走步，同时左手低位格挡。

14a：右脚前踢。

太极三章 13

太极三章 14a

14b、14c：右脚前踢后落在前面成右弓步，然后右手、左手依次打出中位直拳。

15：左脚为轴，右脚移动，身体顺时针旋转 180 度成右行走步，同时右手低位格挡。

太极三章 14b

太极三章 14c

太极三章 15

16a：左脚前踢。　　**16b、16c：**左脚前踢后落在前面成左弓步，然后左手、右手依次打出中位直拳。

太极三章 16a

太极三章 16b

太极三章 16c

17a：左脚向逆时针 90 度方向移动成左行走步，同时左手低位格挡。

太极三章 17a

太极三章 17a 侧面

17b：右手打出中位直拳。

太极三章 17b

太极三章 17b 侧面

18a：右脚上步成右行走步，同时右手低位格挡。

太极三章 18a

太极三章 18a 侧面

18b：左手打出中位直拳。

太极三章 18b

太极三章 18b 侧面

19a：左脚前踢。

太极三章 19a

太极三章 19a 侧面

19b: 左脚前踢后落在前面成左行走步，同时左手低位格挡。

太极三章 19b

太极三章 19b 侧面

19c: 右手打出中位直拳。

太极三章 19c

太极三章 19c 侧面

20a：右脚前踢。

太极三章 20a

太极三章 20a 侧面

20b：右脚前踢后落在前面成右行走步，同时右手低位格挡。

太极三章 20b

太极三章 20b 侧面

20c：左手打出中位直拳并发声。

太极三章 20c

太极三章 20c 侧面

结束：左脚逆时针移动还原成准备姿势。

太极三章结束

四、太极四章

　　太极四章对应八卦中的"震"，意为"雷"，代表不可忽视的力量与尊严。太极四章像雷一样拥有爆发和聚焦的力量，所以练习者在训练时要注意动作的爆发力和聚焦力。太极四章包含了一些新的技术动作，如双手刀中位格挡、手尖刺击、侧踢等。太极四章共由20个技术动作组成。

开始： 从直立姿势开始到准备姿势，两脚距离约与肩同宽，目视前方。

1： 左脚向左移动成右后弓步，同时双手刀中位格挡。

太极四章开始

太极四章1

2：右脚向前迈步成右弓步，同时左手按掌，右手成手刀向前刺击。

3：右脚朝顺时针 180 度方向移动成左后弓步，同时双手刀中位格挡。

太极四章 2

太极四章 3

4：左脚向前迈步成左弓步，同时右手按掌，左手成手刀向前刺击。

5：左脚向逆时针 90 度方向移动成左弓步，同时进行燕子形手刀攻击（左手手刀高位格挡，右手手刀横砍）。

太极四章 4

太极四章 5

6a：右脚前踢。

6b：右脚前踢后落在前面成右弓步，同时
左手打出中位直拳。

太极四章 6a

太极四章 6b

7：身体右转，左脚侧踢。

8a：身体左转，右脚侧踢。

太极四章 7

太极四章 8a

8b：右脚侧踢后落在前方成左后弓步，同时双手刀中位格挡。

太极四章 8b

9：右脚为轴，左脚向逆时针 270 度方向移动成右后弓步，同时左手中位外格挡。

太极四章 9

10a：右脚前踢。

太极四章 10a

10b：右脚前踢后回到原位保持右后弓步姿势，同时右手中位里格挡。

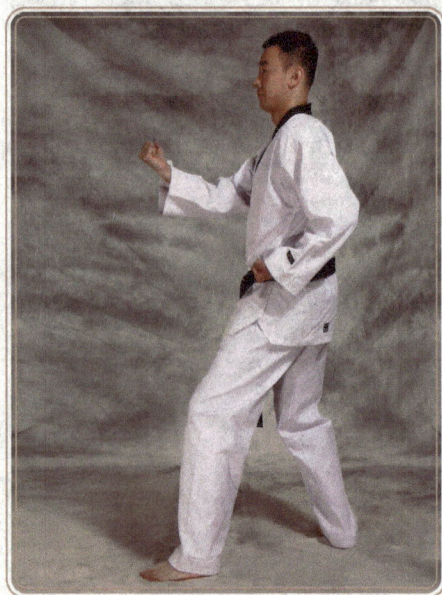

太极四章 10b

11：左脚为轴，身体顺时针旋转180度成
左后弓步，同时右手中位外格挡。

12a：左脚前踢。

太极四章 11

太极四章 12a

12b：左脚前踢后回到原位
保持左后弓步姿势，同时左
手中位里格挡。

13：右脚为轴，左脚移动，身体逆时针旋转90度成左弓步，
同时进行燕子形手刀攻击（左手手刀高位格挡，右手手刀
横砍）。

太极四章 12b

太极四章 13

太极四章 13 侧面

14a： 右脚前踢。

太极四章 14a

太极四章 14a 侧面

14b： 右脚前踢后落在前面成右弓步，同时右背拳攻击。

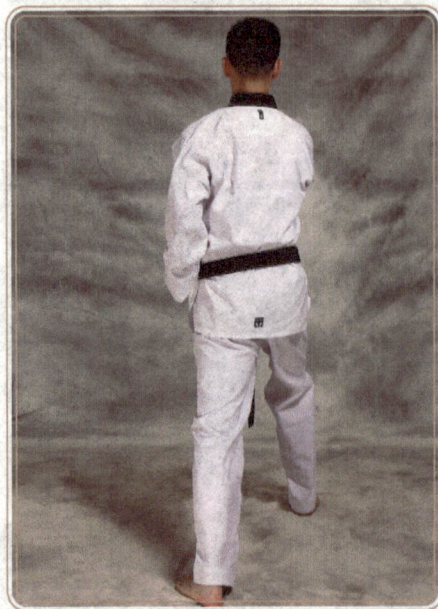

太极四章 14b

太极四章 14b 侧面

15： 左脚向逆时针 90 度方向上步成左行走步，同时左手中位里格挡。

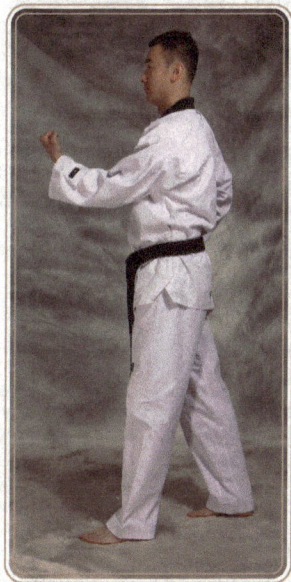

太极四章 15

16： 双脚不要移动，右手打出中位直拳。

太极四章 16

17： 左脚为轴，身体顺时针旋转 180 度成右行走步，同时右手中位里格挡。

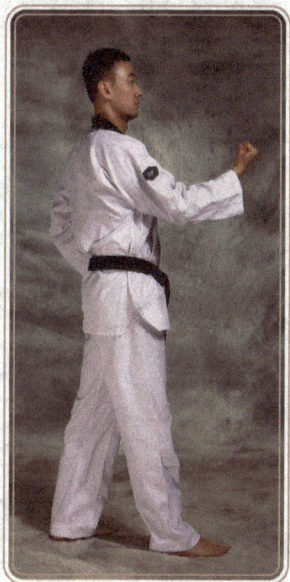

太极四章 17

18： 双脚不要移动，左手打出中位直拳。

太极四章 18

19a： 左脚向逆时针 90 度方向上步成左弓步，同时左手中位里格挡。

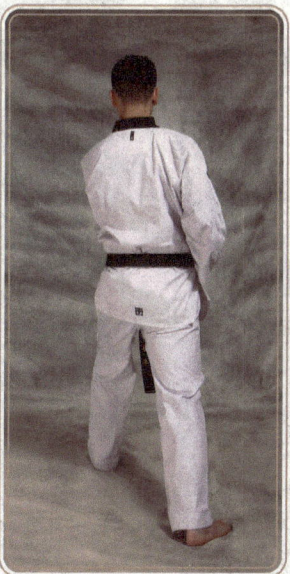

太极四章 19a

太极四章 19a 侧面

19b、19c：双脚不要移动，右手、左手依次打出中位直拳。

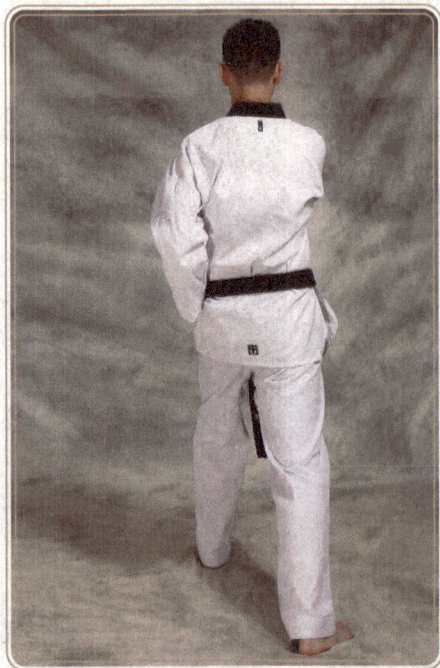

太极四章 19b

太极四章 19b 侧面

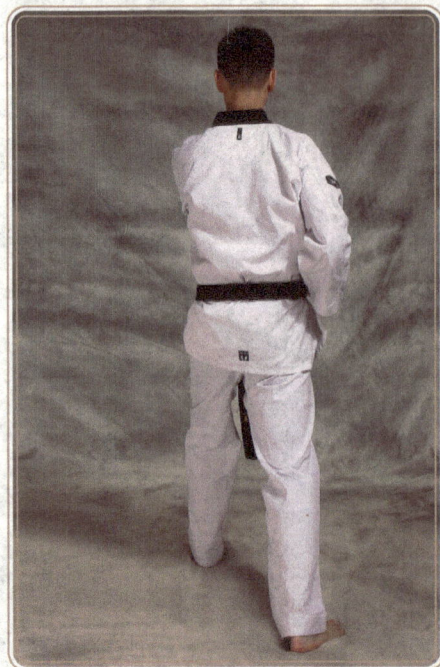

太极四章 19c

太极四章 19c 侧面

20a： 右脚上步成右弓步，同时右手中位里格挡。

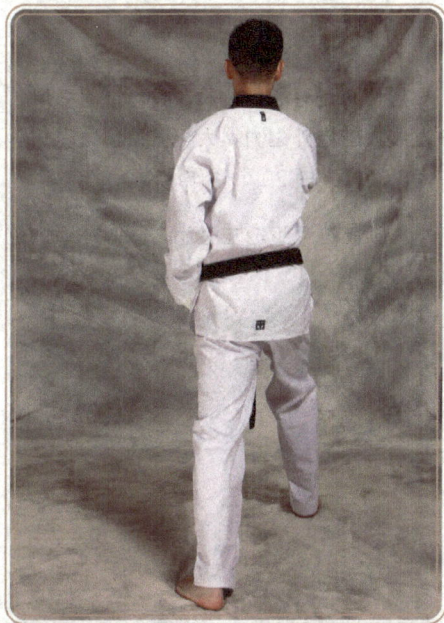

太极四章 20a

太极四章 20a 侧面

20b、20c： 双脚不要移动，左手、右手依次打出中位直拳并发声。

结束： 左脚移动，身体逆时针转动还原成准备姿势。

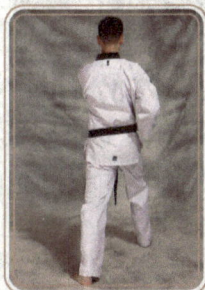

太极四章 20b

太极四章 20b 侧面

太极四章 20c

太极四章 20c 侧面

太极四章结束

五、太极五章

　　太极五章对应八卦中的"巽"，意为"风"。风可以是轻柔的微风，也可以是强风。太极五章就是通过自然界正与反两个方面示意来发展人的内外之力。太极五章包含了一些新的技术动作，如下锤拳、肘击和跳交叉步等。太极五章共由 20 个动作组成。

开始： 从站立姿势开始到准备姿势，两脚距离约与肩同宽，目视前方。

1： 左脚向左迈步成左弓步，同时左手低位格挡。

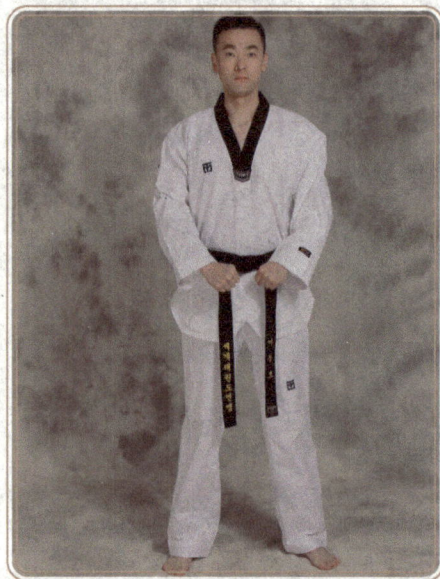

太极五章开始

太极五章 1

2： 收回左脚，同时左手进行下锤拳攻击。

3： 右脚向右迈步成右弓步，同时右手低位格挡。

4： 收回右脚，同时右手进行下锤拳攻击。

太极五章 2

太极五章 3

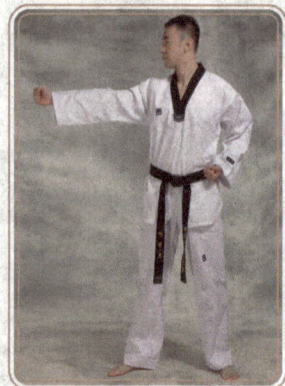

太极五章 4

5a：身体朝逆时针 90 度方向旋转，同时左脚朝向上步，左手中位里格挡。

5b：双脚不动，右手中位里格挡。

太极五章 5a

太极五章 5b

6a：右脚前踢。

6b：右脚前踢后落在前面成右弓步，同时右手进行背拳攻击。

太极五章 6a

太极五章 6b

6c： 双脚不动，左手中位里格挡。

7a： 左脚前踢。

太极五章 6c

太极五章 7a

7b： 左脚前踢后落在前方成左弓步，同时左手进行背拳攻击。

7c： 双脚不动，右手中位里格挡。

太极五章 7b

太极五章 7c

8：右脚向前迈步成右弓步，同时右手进行
背拳攻击。

太极五章 8

9：右脚为轴，左脚向逆时针 270 度方向移
步成右后弓步，同时左手单手刀中位外格挡。

太极五章 9

10：右脚上步成右弓步，同时左手迎右拳，
用右肘攻击。

太极五章 10

11：左脚为轴，右脚向顺时针 180 度方向移
步成左后弓步，同时右手单手刀中位外格挡。

太极五章 11

12：左脚上步成左弓步，同时右手迎左拳，用左肘攻击。

太极五章 12

13a：左脚朝逆时针 90 度方向上步成左弓步，同时左手低位格挡。

太极五章 13a

太极五章 13a 侧面

13b: 双脚不动，右手中位里格挡。

太极五章 13b

太极五章 13b 侧面

14a: 右脚前踢。

太极五章 14a

太极五章 14a 侧面

14b: 右脚前踢后落在前面成右弓步,同时右手低位格挡。

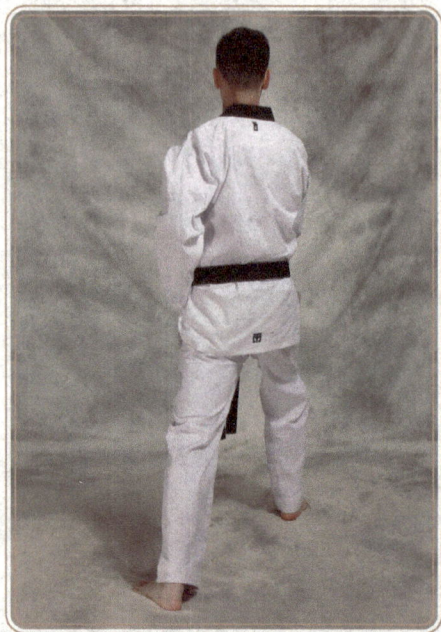

太极五章 14b

太极五章 14b 侧面

14c: 双脚不动,左手中位里格挡。

太极五章 14c

太极五章 14c 侧面

15: 右脚为轴，左脚向逆时针90度方向
迈步成左弓步，同时左手高位格挡。

太极五章 15

16a: 右脚侧踢，同时右拳侧击。

太极五章 16a

16b: 右脚落下成右弓步，同时左肘攻击。

太极五章 16b

17: 左脚为轴，右脚向顺时针180度方向
迈步成右弓步，同时右手高位格挡。

太极五章 17

18a: 左脚侧踢，同时左拳侧击。

18b: 左脚落下成左弓步，同时右肘攻击。

太极五章 18a

太极五章 18b

19a: 右脚为轴，左脚向逆时针 90 度方向迈步成左弓步，同时左手低位格挡。

太极五章 19a

太极五章 19a 侧面

19b：双脚不动，右手中位里格挡。

太极五章 19b

太极五章 19b 侧面

20a：右脚前踢。

太极五章 20a

太极五章 20a 侧面

20b：右脚还没有落地时向前跳步然后成交叉步，同时用背拳攻击并发声。

太极五章 20b

太极五章 20b 侧面

结束：身体逆时针旋转还原成准备姿势。

太极五章结束

六、太极六章

太极六章对应八卦中的"坎"，意为"水"。水可以随环境变化，也可以拥有强大的力量。太极六章包含了新的技术动作，如单手刀格挡、横踢等。太极六章包括 19 个技术动作。

开始： 从站立姿势开始到准备姿势，两脚距离约与肩同宽，目视前方。

1： 左脚向左迈步成左弓步，同时左手低位格挡。

太极六章开始

太极六章 1

2a： 右脚前踢。

2b： 右脚收回成右后弓步，同时左手中位外格挡。

3： 左脚为轴，身体右转成右弓步，同时右手低位格挡。

太极六章 2a

太极六章 2b

太极六章 3

4a：左脚前踢。

4b：左脚收回成左后弓步，同时右手中位外格挡。

5：左脚向逆时针90度方向迈步成左弓步，同时右手单手刀格挡。

太极六章 4a

太极六章 4b

太极六章 5

6a：右脚高位横踢。

6b：右脚高位横踢后落在前面，然后左脚向逆时针90度方向迈步成左弓步，同时左手高位外格挡。

太极六章 6a

太极六章 6b

6c： 两脚不动，右手打出中位直拳。

太极六章 6c

7a： 右脚前踢。

太极六章 7a

7b： 右脚前踢后落在前面成右弓步，同时左手打出中位直拳。

太极六章 7b

8a： 左脚为轴，右脚向逆时针 180 度方向迈步成右弓步，同时右手高位外格挡。

太极六章 8a

8b： 双脚不动，右手打出中位直拳。

9a： 左脚前踢。

太极六章 8b

太极六章 9a

9b： 左脚前踢后落在前面成左弓步，同时右手打出中位直拳。

10a、10b： 左脚移动，身体逆时针旋转90度，双脚平行站立，双臂在胸前交叉，由胸前慢慢放下并打开成双臂低位开放式格挡。

太极六章 9b

太极六章 10a

太极六章 10b

11a、11b： 右脚向前迈步成右弓步，同时左手单手刀格挡。

太极六章 11a

太极六章 11b

12a： 左脚高位横踢并发声。

12b： 左脚高位横踢后落在前面，然后右脚移动向顺时针 270 度方向迈步成右弓步，同时右手低位格挡。

太极六章 12a

太极六章 12b

13a: 左脚前踢。

13b: 左脚前踢后收回成左后弓步，同时右手中位外格挡。

太极六章 13a

太极六章 13b

14: 右脚为轴，左脚移动，身体逆时针旋转 180 度成左弓步，同时左手低位格挡。

15a: 右脚前踢。

太极六章 14

太极六章 15a

15b：右脚前踢后收回成右后弓步，同时左手中位外格挡。

16：左脚为轴，右脚移动，身体逆时针旋转90度成右后弓步，同时双手刀中位格挡。

太极六章 15b

太极六章 16

17：左脚向后移动成左后弓步，同时双手刀中位格挡。

18a、18b：右脚后移成左弓步，同时左手变掌中位格挡。

太极六章 17

太极六章 18a

太极六章 18b

18c: 双脚不动，右手打出中位直拳。　　**19a、19b:** 左脚后移成右弓步，同时右手变掌中位格挡。

太极六章 18c

太极六章 19a

太极六章 19b

19c: 双脚不动，左手打出中位直拳。　　**结束:** 左脚移动，身体还原成准备姿势。

太极六章 19c

太极六章结束

七、太极七章

　　太极七章对应八卦中的"艮"，意为"山"。山象征着决心与力量。跆拳道练习者在这个阶段已经有了持续参加跆拳道训练的决心。通过跆拳道训练来实现自我改善的意义也更加深入地融入了练习者的日常生活。到此阶段要注意对学过的内容进行复习，以免忘记或生疏。技术动作的难度不断加大，在这个阶段练习者可能会遇到困难和挫折，努力与坚持会让练习者冲破障碍，朝着目标前行。太极七章包含了一些新的技术动作，如双手刀低位格挡、膝击、马步和虎步等。太极七章由 25 个技术动作组成。

开始：从站立姿势开始到准备姿势，两脚距离约与肩同宽，目视前方。

1：左脚向左迈步成左虎步，同时右掌中位里格挡。

太极七章开始

太极七章1

2a：右脚前踢。

2b：右脚收回还原成左虎步，同时左手中位里格挡。

太极七章 2a

太极七章 2b

3：身体转向右侧成右虎步，同时左掌中位里格挡。

4a：左脚前踢。

4b：左脚收回还原成右虎步，同时右手中位里格挡。

太极七章 3

太极七章 4a

太极七章 4b

5：左脚朝逆时针90度方向迈步成右后弓步，同时双手刀低位格挡。

6：右脚前移成左后弓步，同时双手刀低位格挡。

太极七章 5

太极七章 6

7：左脚向逆时针90度方向上步成左虎步，右掌中位里格挡，左手握拳放于右肘下方。

8a、8b：保持虎步，同时右手以背拳进攻。

太极七章 7

太极七章 8a

太极七章 8b

9： 左脚为轴，身体朝顺时针方向旋转 180 度，同时左掌中位里格挡，右手握拳放于左肘下方。

10a、10b： 保持虎步，同时左手以背拳进攻。

太极七章 9

太极七章 10a

太极七章 10b

11： 左脚为轴，身体逆时针旋转 90 度，右脚不动，双脚并拢，左手抱右拳由腹部抬至下颌处。

太极七章 11

12a、12b、12c: 左脚向前迈步成左弓步，双臂经胸前交换位置，先后进行两次剪刀格挡（左手中位外格挡的同时右手低位格挡，右手中位外格挡的同时左手低位格挡）。

太极七章 12a

太极七章 12b

太极七章 12c

13a、13b、13c: 右脚向前迈步成右弓步，双臂经胸前交换位置，先后进行两次剪刀格挡（右手中位外格挡的同时左手低位格挡，左手中位外格挡的同时右手低位格挡）。

太极七章 13a

太极七章 13b

太极七章 13c

14：右脚为轴，左脚向逆时针方向 270 度迈步成左弓步，同时双手中位开放式挡。

15a、15b：双拳变掌向前，而后迅速变拳下拉，同时右膝上顶。

太极七章 14

太极七章 15a

太极七章 15b

15c：向前跳步成交叉步，同时双手上勾拳。

16：右脚不动，左脚后移成右弓步，同时低位双手交叉格挡。

太极七章 15c

太极七章 16

17：左脚为轴，右脚向顺时针 180 度方向迈步成右弓步，同时双手中位开放式格挡。

18a、18b：双拳变掌向前，而后迅速变拳下拉，同时左膝上顶。

太极七章 17

太极七章 18a

太极七章 18b

18c：向前跳步成交叉步，同时双手上勾拳。

19：左脚不动，右脚后移成左弓步，同时低位双手交叉格挡。

太极七章 18c

太极七章 19

20： 右脚为轴，左脚移动，身体向逆时针90度方向转动成左行走步，同时左手打出外背拳。

太极七章 20

太极七章 20 侧面

21a： 左脚不动，右脚以左手为目标做里合腿。

太极七章 21a

太极七章 21a 侧面

21b：右脚落地成马步，同时身体朝逆时针 90 度方向旋转，右肘击左掌。

太极七章 21b

22：右脚不动，左脚向前移动成右行走步，同时右手打出外背拳。

太极七章 22

太极七章 22 侧面

23a: 右脚不动，左脚以右手为目标做里合腿。

太极七章 23a

太极七章 23a 侧面

23b: 左脚落地成马步，同时身体朝顺时针 90 度方向旋转，左肘击右掌。

太极七章 23b

太极七章 23b 侧面

24：双脚不动，左手单手刀中位侧格挡。

太极七章 24

太极七章 24 侧面

25：左手抓住对手向自己拉近，右脚向前上步成马步，同时右手打出中位侧拳并发声。

结束：左脚移动还原成准备姿势。

太极七章 25

太极七章 25 侧面

太极七章结束

八、太极八章

太极八章对应八卦中的"坤","坤"意为"地",是万物生长的基础和回归之所。太极八章是黑带之前最后的品势,它代表着结束,更代表着新的开始。太极八章有一些新的技术动作,如单山格挡、跳前踢等。太极八章由 27 个动作组合而成。

开始: 从站立姿势开始到准备姿势,两脚分开约与肩同宽,目视前方。

1: 左脚向前迈步成右后弓步,双手中位外格挡。

太极八章开始

太极八章 1

2: 左脚前滑成左弓步,同时右手打出中位直拳。

3a、3b: 右脚蹬地起跳并中位前踢。在右脚还没有落地时,左脚蹬地起跳并在空中高位前踢并发声。

太极八章 2

太极八章 3a

太极八章 3b

3c：落地成左弓步，同时左手中位里格挡。

3d、3e：双脚不动，右手、左手依次打出中位直拳。

太极八章 3c

太极八章 3d

太极八章 3e

4：右脚上步成右弓步，同时右手打出中位直拳。

5：右脚为轴，左脚移动，逆时针旋转 270 度迈步成右弓步，同时单山格挡（右手高位外格挡，同时左手低位格挡）。

太极八章 4

太极八章 5

6：双脚不动，慢慢转体成左弓步，同时慢速地用左手内拉，右手上勾拳。

太极八章 6

7a：左脚从右脚前方迈步成前交叉步。

太极八章 7a

7b：右脚移动成左弓步，同时单山格挡（左手高位外格挡，同时右手低位格挡）。

太极八章 7b

8：双脚不动，慢慢转体成右弓步，同时慢速地用右手内拉，左手上勾拳。

太极八章 8

9：左脚为轴，右脚移动，身体逆时针转270 度成右后弓步，同时双手刀中位格挡。

太极八章 9

10：左脚向前滑步成左弓步，同时右手打出中位直拳。

太极八章 10

11a：右脚前踢，然后收回右脚落到原位。

太极八章 11a

11b：左脚向后移动成右虎步，同时右掌中位里格挡。

太极八章 11b

12： 左脚移动，身体逆时针旋转90度成左虎步，同时双手刀中位格挡。

13a： 左脚前踢。

太极八章12

太极八章13a

13b： 左脚前踢后落在前方成左弓步，同时右手打出中位直拳。

14： 左脚向右脚靠近成左虎步，同时左掌中位里格挡。

15： 右脚移动，身体顺时针旋转180度成右虎步，同时双手刀中位格挡。

太极八章13b

太极八章14

太极八章15

16a：右脚前踢。

16b：右脚前踢后落在前方成右弓步，同时左手打出中位直拳。

太极八章 16a

太极八章 16b

17：右脚向左脚靠近成右虎步，同时右掌中位里格挡。

18：右脚向顺时针 90 度方向迈步成左后弓步，同时右手低位格挡，左手放于胸前防御。

太极八章 17

太极八章 18

太极八章 18 侧面

19a、19b： 左脚前踢，左脚收回，在左脚还没有落地时右脚蹬地跳前踢并发声。

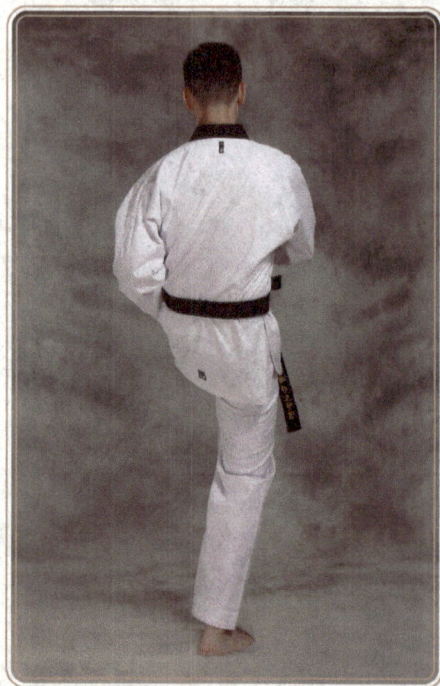

太极八章 19a

太极八章 19a 侧面

太极八章 19b

太极八章 19b 侧面

19c: 落地成右弓步，同时右手中位里格挡。

太极八章 19c

太极八章 19c 侧面

19d、19e: 双脚不动，左手、右手依次打出中位直拳。

太极八章 19d

太极八章 19d 侧面

太极八章 19e

太极八章 19e 侧面

20：右脚为轴，左脚移动，身体逆时针旋转 270 度，同时左手单手刀中位外格挡。

太极八章 20

21：左脚前移成左弓步，同时用右肘攻击。

太极八章 21

22：双脚不动，同时右背拳攻击。

太极八章 22

23：双脚不动，左手打出中位直拳。

太极八章 23

24：左脚为轴，右脚移动，身体顺时针旋转180度成左后弓步，同时右手单手刀中位外格挡。

25：右脚前移成右弓步，同时用左肘攻击。

太极八章 24

太极八章 25

26：双脚不动，同时左背拳攻击。

27：双脚不动，右手打出中位直拳。

结束：左脚移动还原成准备姿势。

太极八章 26

太极八章 27

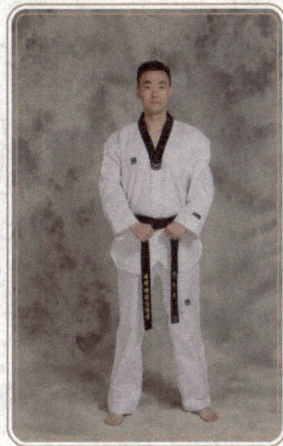

太极八章结束

第二节 | 跆拳道黑带品势

一、高丽品势

　　高丽品势的含义为"士"，代表着武士的尚武精神。高丽品势的准备姿势是将两手掌相对从小腹由下到上地提起约置于下颌和颈部之前，表明了聚焦的力量，让练习者集中注意力。高丽品势的运动路线是中文的"士"字，共由 30 个技术动作组合而成，是黑带一段的练习品势。

士

开始：从站立姿势开始到高丽品势准备姿势，两掌由下向上提起，然后约置于下颌和颈部的前方，两掌相对，掌心向内，向前推进，两脚距离约与肩同宽，目视前方。

高丽品势开始

1： 左脚向左移动成右后弓步，同时双手刀中位格挡。

高丽品势 1

2a： 左脚为轴，转动身体，右脚低位侧踢。

高丽品势 2a

2b： 右脚不落地，紧接着进行中位侧踢。

高丽品势 2b

2c： 右脚落在前方成右弓步，同时右手以手刀姿势由内向外砍击。

高丽品势 2c

3：双脚不动，左手打出中位直拳。

高丽品势 3

4：右脚向左脚收回成左后弓步，同时右手中位里格挡。

高丽品势 4

5：左脚为轴，右脚移动，身体顺时针转动180 度成左后弓步，同时双手刀中位格挡。

高丽品势 5

6a：右脚为轴，转动身体，左脚低位侧踢。

高丽品势 6a

6b：左脚不落地，紧接着进行中位侧踢。

6c：左脚落在前方成左弓步，同时左手以手刀姿势由内向外砍击。

高丽品势 6b

高丽品势 6c

7：双脚不动，右手打出中位直拳。

8：左脚向右脚收回成右后弓步，同时左手中位里格挡。

高丽品势 7

高丽品势 8

9a： 右脚为轴，左脚向逆时针 90 度方向迈步成左弓步，同时左手单手刀低位格挡。

9b： 双脚不动，右手弓手攻击对手颈部。

高丽品势 9a

高丽品势 9b

10a： 右脚前踢。

10b： 右脚前踢后落在前面成右弓步，同时右手单手刀低位格挡。

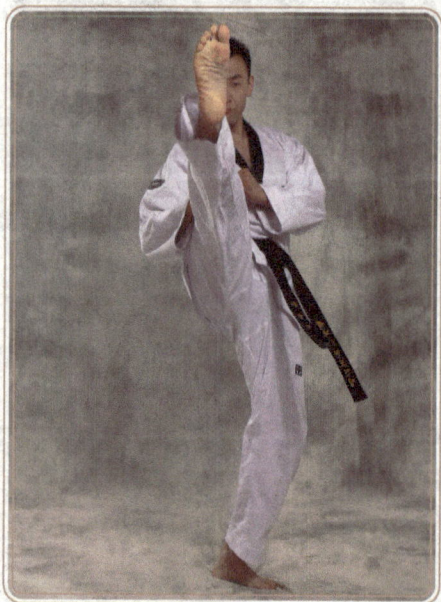

高丽品势 10a

高丽品势 10b

10c: 双脚不动，左手弓手攻击对手颈部。

高丽品势 10c

11a: 左脚前踢。

高丽品势 11a

11b: 左脚前踢后落在前面成左弓步，同时左手单手刀低位格挡。

高丽品势 11b

11c: 双脚不动，右手弓手攻击对手颈部并发声。

高丽品势 11c

12a: 右脚前踢。

12b: 右脚前踢后落在前面成右弓步，同时左掌攻击对手膝关节，手为杯状。

高丽品势 12a

高丽品势 12b

13: 右脚为轴，左脚向前迈步，身体顺时针旋转 180 度，同时双手前臂外侧开放式格挡。

高丽品势 13

高丽品势 13 侧面

14a: 左脚前踢。

高丽品势 14a

高丽品势 14a 侧面

14b: 左脚前踢后落在前面成左弓步，同时左掌攻击对手膝关节，手为杯状。

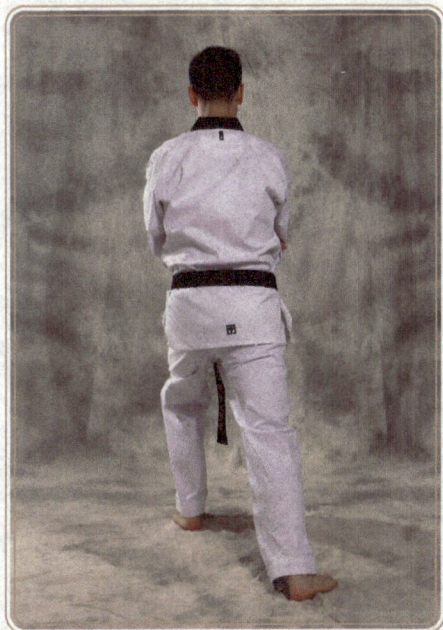

高丽品势 14b

高丽品势 14b 侧面

15： 左脚稍微收回成左行走步，同时双手前臂外侧开放式格挡。

高丽品势 15

高丽品势 15 侧面

16： 左脚为轴，右脚移动，身体顺时针旋转 180 度成马步姿势，同时左手单手刀中位格挡。

17： 马步姿势不变，右拳击左掌。

高丽品势 16

高丽品势 17

18a: 右脚移动从前面和左脚形成交叉步，保持右拳击左掌。

18b: 左脚侧踢。

高丽品势 18a

高丽品势 18b

18c: 左脚侧踢后落地成右弓步，同时身体顺时针旋转 180 度，且左掌下刺，掌心向外，右手放于左肩之前，掌心向内。

19: 右脚向左脚收回成右行走步，同时右手低位格挡。

高丽品势 18c

高丽品势 19

20a： 左脚向前迈步成左行走步，同时左掌下压格挡。

20b： 右脚向前迈步成马步姿势，同时左掌扶右拳向前顶右肘。

高丽品势 20a

高丽品势 20b

21： 双脚不动，右手单手刀中位外格挡。

22： 马步姿势不变，左手击向右掌。

高丽品势 21

高丽品势 22

23a：左手击右掌不变，左脚移步从前面 与右脚形成交叉步。

高丽品势 23a

23b：右脚侧踢。

高丽品势 23b

23c：右脚侧踢后落地成左弓步，同时身 体逆时针旋转180度，且右掌下刺，掌心 向外，左手放于右肩之前，掌心向内。

高丽品势 23c

24：左脚向右脚收回成左行走步，同时左 手低位格挡。

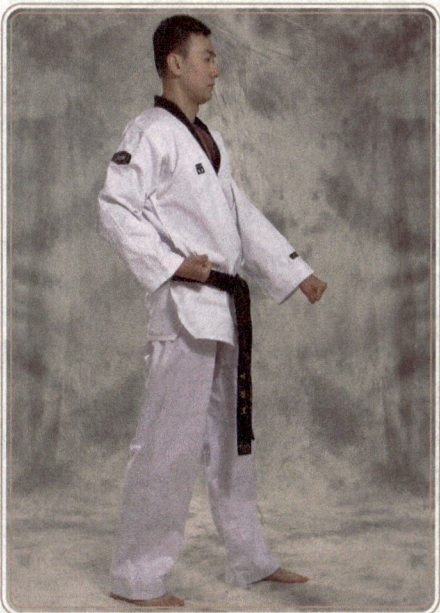

高丽品势 24

25a：右脚向前迈步成右行走步，同时右掌下压格挡。

25b：左脚向前迈步成马步姿势，同时右掌扶左拳向前顶左肘。

高丽品势 25a

高丽品势 25b

26：左脚不动，右脚向左脚并拢成站立姿势，双手慢速经头顶上方画圆，左拳在小腹之前击右掌，拳心向外。

高丽品势 26 手型

高丽品势 26

27a: 右脚为轴，左脚移动，身体逆时针转动180度成左弓步，同时左手单手刀向外横砍。

高丽品势 27a

高丽品势 27a 侧面

27b: 左弓步不变，左手单手刀低位格挡。

高丽品势 27b

高丽品势 27b 侧面

28a： 右脚向前迈步成右弓步，同时右手单手刀由外向内攻击对手颈部。

高丽品势 28a

高丽品势 28a 侧面

28b： 右弓步不变，右手单手刀低位格挡。

高丽品势 28b

高丽品势 28b 侧面

29a: 左脚向前迈步成左弓步，同时左手单手刀由外向内攻击对手颈部。

高丽品势 29a

高丽品势 29a 侧面

29b: 左弓步不变，左手单手刀低位格挡。

高丽品势 29b

高丽品势 29b 侧面

30： 右脚向前迈步成右弓步，同时右手虎口攻击并发声。

高丽品势 30

高丽品势 30 侧面

结束： 右脚为轴，左脚移动，身体逆时针旋转 180 度还原成高丽品势准备姿势。

高丽品势结束

二、金刚品势

　　金刚的寓意为"金刚石"，代表坚强和不可战胜。金刚品势的名称和内涵来自金刚山，其主峰海拔 1638 米，山岳地形千姿百态，动植物资源丰富，更以奇峰怪岩、飞瀑流泉、密林奇洞、松林云海为特点。练习者在练习金刚品势时应该展现出宏伟、优雅和强大的形象。金刚品势的动作路线是中文的"山"字，动作要充满力度和平衡感以诠释武道精神。金刚品势由 27 个动作组成，是黑带二段的练习品势。

山

开始： 从站立姿势开始到准备姿势，两脚距离约与肩同宽，目视前方。

1： 左脚向前迈步成左弓步，同时双手由里向外中位外格挡。

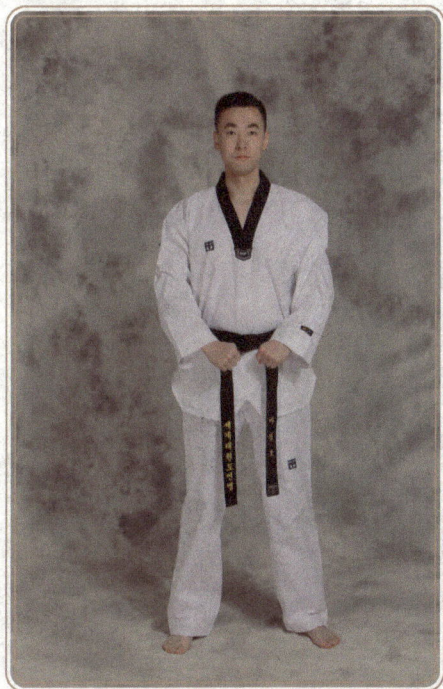

金刚品势开始

金刚品势1

2：右脚上步成右弓步，同时右掌攻击对手下颌。

3：左脚上步成左弓步，同时左掌攻击对手下颌。

4：右脚上步成右弓步，同时右掌攻击对手下颌。

金刚品势 2

金刚品势 3

金刚品势 4

5：右脚向后撤步成右后弓步，同时左手单手刀中位里格挡。

6：左脚向后撤步成左后弓步，同时右手单手刀中位里格挡。

金刚品势 5

金刚品势 6

7：右脚向后撤步成右后弓步，同时左手单手刀中位里格挡。

8：右脚为轴，目视左侧90度方向，左脚慢速屈膝抬起成右鹤步，同时金刚格挡（右手高位格挡，左手低位格挡）。

金刚品势 7

金刚品势 8

9a：左脚落地成马步姿势，同时左大铰链格挡。

9b：右脚为轴，左脚移动，身体逆时针旋转360度，保持身体重心的高度和两脚的距离。

10：完成转体后成马步姿势，同时左大铰链格挡。

金刚品势 9a

金刚品势 9b

金刚品势 10

11： 右脚抬起，逆时针旋转 90 度，抬起的右脚用力下踏成马步姿势，同时山形格挡，目视右侧 90 度方向并发声。

金刚品势 11

12： 右脚为轴，左脚移动，顺时针转体 180 度成马步姿势，同时双手由内向外中位格挡。

金刚品势 12

13： 右脚不动，左脚稍微收回与右脚成平行步，同时双手慢速低位格挡。

金刚品势 13

14： 右脚为轴，顺时针旋转 180 度，同时抬起左脚用力下踏成马步姿势，同时山形格挡。

金刚品势 14

15：左脚为轴，慢速抬起右脚成左鹤步，目视右侧 90 度方向，同时金刚格挡（左手高位格挡，右手低位格挡）。

金刚品势 15

16a：右脚落地成马步姿势，同时右大铰链格挡。

金刚品势 16a

16b：左脚移动，身体顺时针旋转 360 度，保持身体重心的高度和两脚的距离。

金刚品势 16b

17：完成转体后成马步姿势，同时右大铰链格挡。

金刚品势 17

18： 重心移向左脚，同时慢速抬起右脚成左鹤步，同时金刚格挡（左手高位格挡，右手低位格挡）。

金刚品势 18

19a： 右脚落地成马步姿势，同时右大铰链格挡。

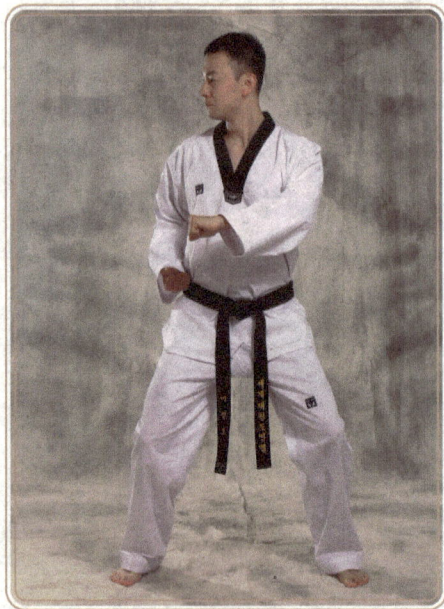

金刚品势 19a

19b： 左脚移动，身体顺时针旋转 360 度，保持身体重心的高度和两脚的距离。

金刚品势 19b

20： 完成转体后成马步姿势，同时右大铰链格挡。

金刚品势 20

21：右脚为轴，顺时针旋转 90 度，抬起左脚用力下踏成马步姿势，同时山形格挡并发声。

金刚品势 21

22：左脚为轴，右脚移动，逆时针旋转 180 度成马步姿势，同时双手由内向外中位格挡。

金刚品势 22

23：左脚不动，右脚稍微收回与左脚成平行步，同时双手慢速低位格挡。

金刚品势 23

24：左脚为轴，逆时针旋转 180 度，抬起右脚用力下踏成马步姿势，同时山形格挡。

金刚品势 24

25： 右脚为轴，逆时针旋转90度，目视左侧90度方向，同时慢速抬起左脚成右鹤步，同时金刚格挡（右手高位格挡，左手低位格挡）。

26a： 左脚落地成马步姿势，同时左大铰链格挡。

金刚品势25

金刚品势26a

26b： 右脚移动，身体逆时针旋转360度，保持身体重心的高度和两脚的距离。

27： 完成转体后成马步姿势，同时左大铰链格挡，目视左侧90度方向。

结束： 左脚移动还原成准备姿势。

金刚品势26b

金刚品势27

金刚品势结束

三、太白品势

太白代表着光明之山，寓意为"极度的光亮"。太白品势的动作路线是中文的"工"字，共由 26 个动作组成，是黑带三段的练习品势。

工

开始： 从站立姿势开始到准备姿势，两脚距离约与肩同宽，目视前方。

1： 左脚向左移动成左虎步，同时双手刀下段开放式格挡。

太白品势开始

太白品势 1

2a： 右脚前踢。

2b、2c： 右脚前踢后落地成右弓步，然后右手、左手依次打出中位直拳。

太白品势 2a

太白品势 2b

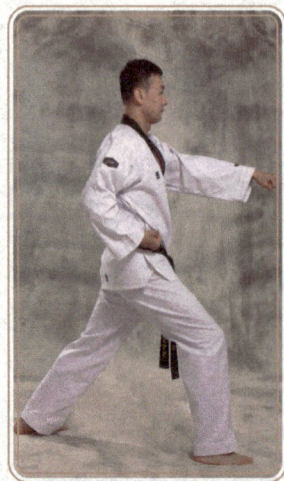

太白品势 2c

3： 左脚为轴，身体顺时针旋转 180 度成右虎步，同时双手刀下段开放式格挡。

4a： 左脚前踢。

太白品势 3

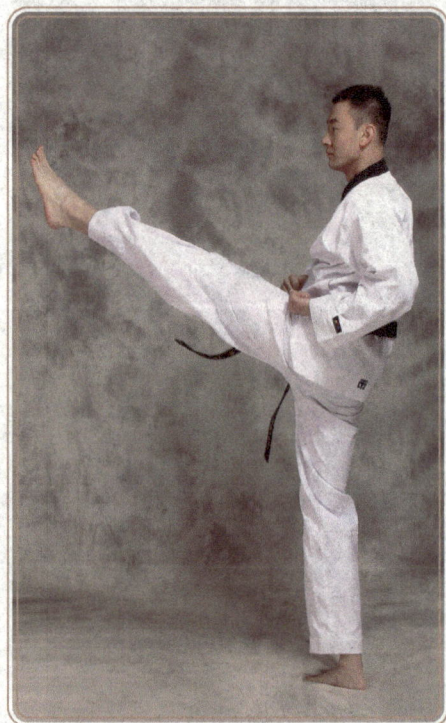

太白品势 4a

4b、4c：左脚前踢后落地成左弓步，然后左手、右手依次打出中位直拳。

太白品势 4b

太白品势 4c

5：右脚为轴，左脚移动，身体逆时针旋转90 度成左弓步，同时燕子形手刀攻击（右手手刀横砍，左手手刀高位格挡且掌心向外）。

6a：右手向外拧转抓住对手的手腕。

太白品势 5

太白品势 6a

6b： 右脚向前迈步成右弓步，同时右手回拉，左手打出中位直拳。

太白品势 6b

7a： 左拳松开向外拧转，同时抓住对手手腕并向回拉。

太白品势 7a

7b： 左手向回拉的同时左脚上步成左弓步，同时右手打出中位直拳。

太白品势 7b

8a： 右拳松开向外拧转，同时抓住对手手腕并向回拉。

太白品势 8a

8b：在右手回拉的同时右脚向前迈步成右弓步，左手打出中位直拳并发声。

9：右脚为轴，左脚移动，身体逆时针旋转270度成右后弓步，同时中位金刚形格挡（右手高位格挡，左手中位格挡）。

太白品势 8b

太白品势 9

10：双脚不动，左手回拉，右手打出中位勾拳。

11：双脚不动，左手打出中位侧拳。

太白品势 10

太白品势 11

12： 左脚抬起成右鹤步，同时右小铰链格挡。

太白品势 12

13a： 左脚高位侧踢，同时左拳侧击。

太白品势 13a

13b： 左脚落地成左弓步，同时右肘击向左掌。

太白品势 13b

14a： 身体顺时针旋转 90 度，左脚向右脚并拢，同时左小铰链格挡。

太白品势 14a

14b： 右脚前滑成左后弓步，同时中位金刚形格挡（左手高位格挡，右手中位格挡）。

太白品势 14b

15： 双脚不动，右手回拉，左手打出中位勾拳。

太白品势 15

16： 双脚不动，右手打出中位侧拳。

太白品势 16

17： 右脚抬起成左鹤步，同时左小铰链格挡。

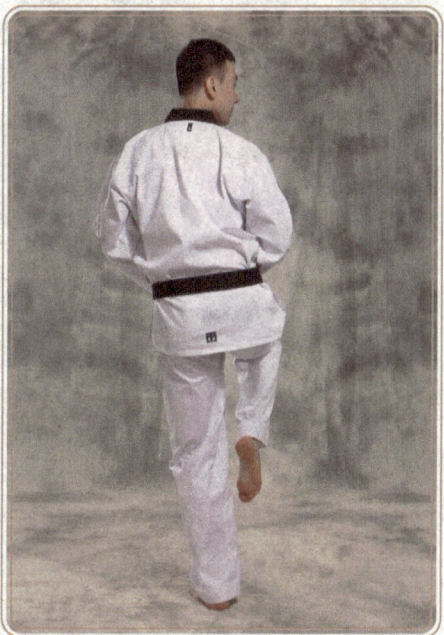

太白品势 17

18a： 右脚高位侧踢，同时右拳侧击。

18b： 右脚落地成右弓步，同时左肘击向右掌。

太白品势 18a

太白品势 18b

19： 右脚向左脚收回，然后左脚向前滑步成右后弓步，同时双手刀中位格挡。

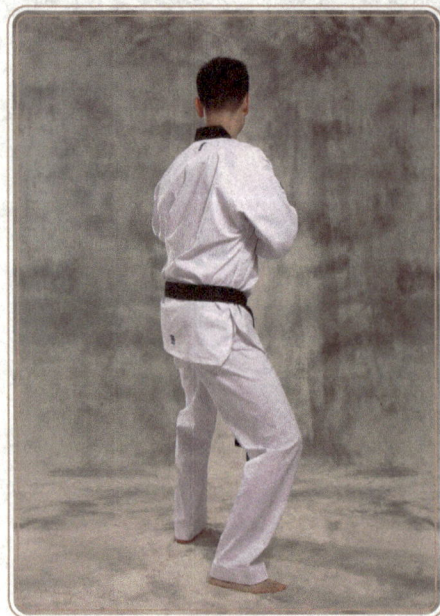

太白品势 19

太白品势 19 侧面

20： 右脚向前迈步成右弓步，同时左掌下按格挡，同时右手刀前刺。

太白品势 20

太白品势 20 侧面

21a： 身体逆时针旋转 180 度，右手贴于腰后，掌心向外。

太白品势 21a

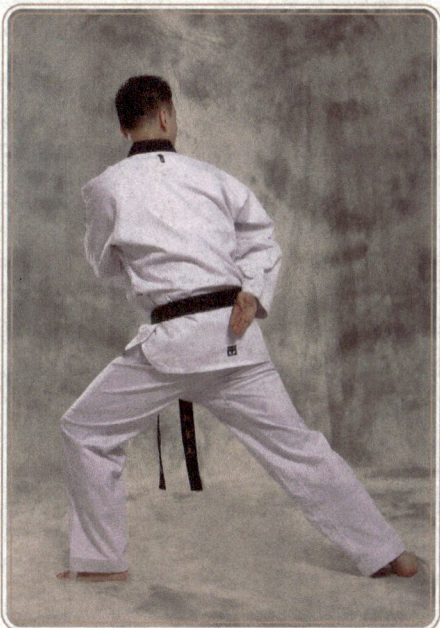

太白品势 21a 侧面

21b: 左脚移动并逆时针旋转 180 度成右后弓步，同时左手中位外背拳攻击。

太白品势 21b

太白品势 21b 侧面

22: 右脚向前迈步成右弓步，同时右手打出中位直拳并发声。

太白品势 22

太白品势 22 侧面

23：右脚为轴，左脚移动，身体逆时针旋转 270 度成左弓步，同时剪刀格挡（右手中位外格挡，左手低位格挡）。

24a：右脚前踢。

太白品势 23

太白品势 24a

24b、24c：右脚落地成右弓步，然后右手、左手依次打出中位直拳。

太白品势 24b

太白品势 24c

25： 左脚为轴，右脚移动，身体顺时针旋转 180 度成右弓步，同时剪刀格挡（左手中位外格挡，右手低位格挡）。

26a： 左脚前踢。

太白品势 25

太白品势 26a

26b、26c： 左脚落地成左弓步，然后左手、右手依次打出中位直拳。

结束： 左脚移动还原成准备姿势。

太白品势 26b

太白品势 26c

太白品势结束

四、平原品势

平原代表着广袤无垠的大地，也是人类生存和发展的地方。平原品势的准备姿势是将双手合一放于丹田之前。平原品势的动作路线是中文的"一"字，它由21个动作组合而成，是黑带四段的练习品势。

一

开始：从站立姿势开始，变为双手合一式，两手提起并合一，左手在上，右手在下，提至胸部再下落至小腹，与身体大约一拳距离。

1：左脚向左跨步成平行步，双手刀低位开放式格挡。

平原品势开始

平原品势1

2：双脚不动，两掌提起向前推，掌心相对。

3：左脚为轴，右脚移动，身体顺时针旋转90度成左后弓步，同时右手单手刀低位格挡。

平原品势 2

平原品势 3

4：身体逆时针旋转180度成右后弓步，同时左手单手刀中位外格挡。

5：左脚前移成左弓步，同时右勾肘，右拳约放于耳侧，拳心向内。

平原品势 4

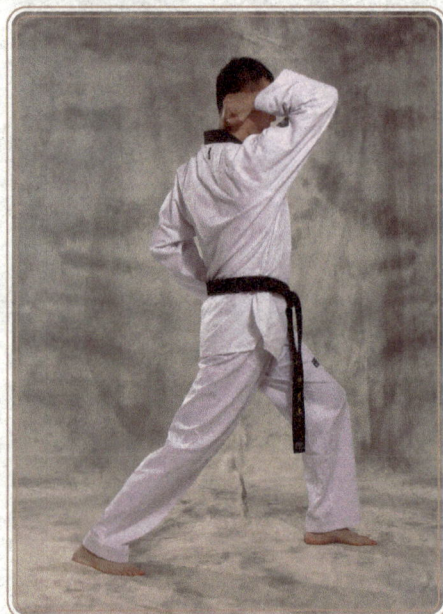

平原品势 5

6a: 右脚前踢。

平原品势 6a

6b: 右脚落地，左脚转身侧踢。

平原品势 6b

6c: 左脚落地，同时身体顺时针旋转180度成左后弓步，同时双手刀中位格挡。

平原品势 6c

7: 双脚不动，双手刀低位格挡。

平原品势 7

8： 双脚变为马步姿势，双手高位侧格挡。

9a： 身体转正，抬起右脚。

平原品势 8

平原品势 9a

9b： 右脚踏地成马步姿势，同时左手回拉对对手进行右背拳攻击并发声。

9c： 左背拳攻击。

平原品势 9b

平原品势 9c

10：左脚移动，从前面与右脚形成交叉步，
双肘攻击。

11：右脚移动成马步姿势，同时山形格挡。

平原品势 10

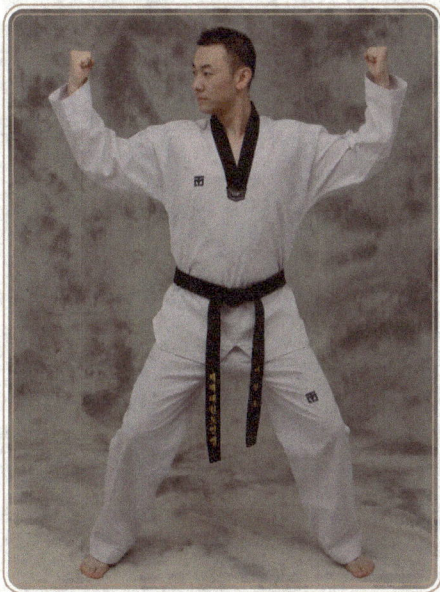

平原品势 11

12a：右脚抬起成左鹤步，同时金刚格挡
（左手高位格挡，右手低位格挡）。

12b：左鹤步不变，左小铰链格挡。

平原品势 12a

平原品势 12b

13a： 右脚侧踢。

平原品势 13a

13b： 右脚落地成右弓步，同时左勾肘。

平原品势 13b

14a： 左脚前踢。

平原品势 14a

14b： 左脚落地，转身右脚侧踢。

平原品势 14b

14c: 右脚落地成右后弓步，同时身体逆时针旋转 180 度，同时双手刀中位格挡。

平原品势 14c

15: 双脚不变，双手刀低位格挡。

平原品势 15

16: 双脚在原地变为马步姿势，双手高位侧格挡。

平原品势 16

17a: 原地抬起左脚。

平原品势 17a

17b: 左脚踏地成马步姿势，同时右手回拉对对手进行左背拳攻击并发声。

17c: 右背拳攻击。

平原品势 17b

平原品势 17c

18: 右脚移动，从前面与左脚形成交叉步，双肘攻击。

19: 左脚移动成马步姿势，同时山形格挡。

平原品势 18

平原品势 19

20a：左脚提起成右鹤步，同时金刚格挡（右手高位格挡，左手低位格挡）。

20b：右鹤步不变，右小铰链格挡。

平原品势 20a

平原品势 20b

21a：左脚侧踢。

21b：左脚落地成左弓步，同时右肘击左掌。

结束：左脚移动还原成双手合一式。

平原品势 21a

平原品势 21b

平原品势结束

五、十进品势

　　十进代表的是"十长"，它们是：日、月、山、水、石、松树、不老草、龟、鹿和鹤。十进品势的动作路线是中文的"十"字，寓意为无限延伸的自然界和自然中不断发展的、多姿多彩的生命形态。在跆拳道练习中，"十"代表了跆拳道技术的进步和整个跆拳道系统知识的发展。十进品势共由 28 个动作组合而成，是黑带五段的练习品势。

十

开始： 从站立姿势开始到准备姿势，两脚分开，距离约与肩同宽，目视前方。

1： 双脚不动，双手公牛格挡。

十进品势开始

十进品势 1

2a: 双手稍微向外张开，停顿一下。

十进品势 2a

2b: 左脚移动成右后弓步，右掌推左拳中位外格挡。

十进品势 2b

3a: 左拳慢速松开，当手指快要张开的时候内转左手，右手继续支撑左手，同时左脚滑步成左弓步。

十进品势 3a

3b: 右手手刀前刺。

十进品势 3b

3c、3d： 双脚不变，左手、右手依次打出中位直拳。

十进品势 3c

十进品势 3d

4： 右脚上步成马步姿势，同时山形格挡。

5a： 左脚从右脚前方迈步成交叉步，左手抓住对手，右手收回准备出拳。

十进品势 4

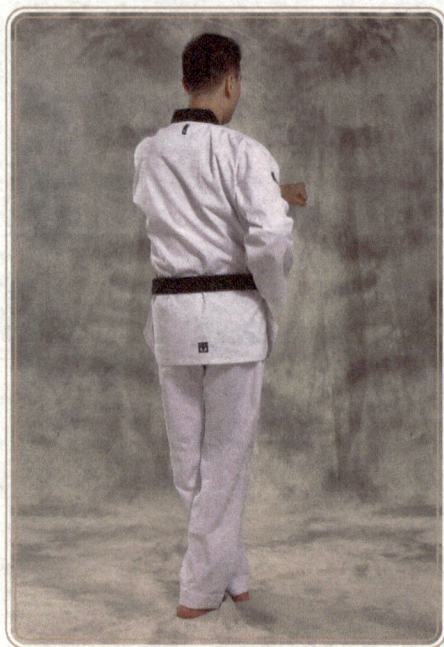

十进品势 5a

5b：右脚朝正在移动的方向上步成马步姿势，同时右手打出中位侧拳并发声。

十进品势 5b

6：右脚为轴，左脚移动，身体逆时针旋转180度成马步姿势，同时双肘攻击。

十进品势 6

7：左脚移向右脚，然后右脚移动成左后弓步，左掌推右拳中位外格挡。

十进品势 7

8a：右拳慢速松开，当手指快要张开的时候内转右手，左手继续支撑右手，同时右脚滑步成右弓步。

十进品势 8a

8b: 左手手刀前刺。　　　　**8c、8d:** 双脚不变，右手、左手依次打出中位直拳。

十进品势 8b

十进品势 8c

十进品势 8d

9: 左脚上步成马步姿势，同时山形格挡。　　**10a:** 右脚从左脚前方迈步成交叉步，右手抓住对手，左手收回准备出拳。

十进品势 9

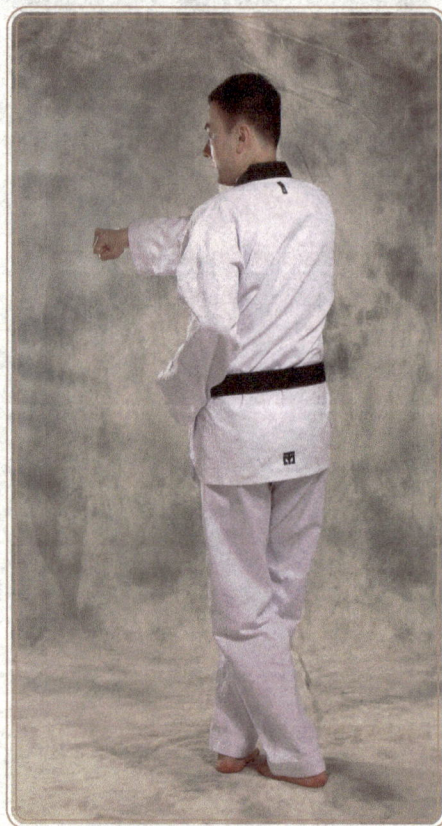

十进品势 10a

10b： 左脚朝正在移动的方向上步成马步姿势，同时左手打出中位侧拳并发声。

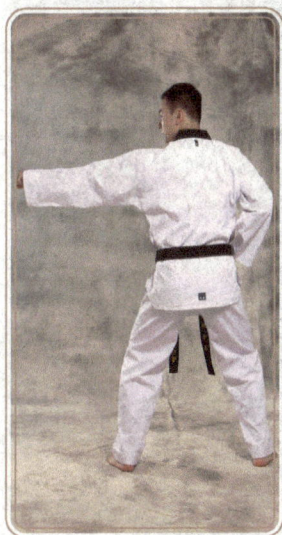

十进品势 10b

11： 右脚为轴，左脚移动，身体顺时针旋转 180 度成马步姿势，同时双肘攻击。

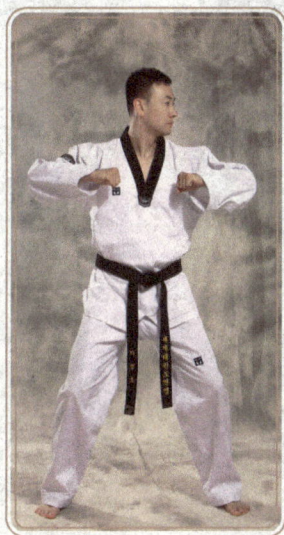

十进品势 11

12： 左脚为轴，右脚移动，身体顺时针旋转 90 度成左后弓步，然后左掌推右拳中位外格挡。

十进品势 12

13a： 右拳慢速松开，当手指快要张开的时候内转右手，左手继续支撑右手。

十进品势 13a

13b： 右脚滑动成右弓步，同时左手手刀前刺。

十进品势 13b

十进品势 13b 侧面

13c、13d：双脚不变，右手、左手依次打出中位直拳。

十进品势 13c

十进品势 13c 侧面

十进品势 13d

十进品势 13d 侧面

14： 左脚上步成右后弓步，同时双手刀低位格挡。

15a： 右脚上步成右弓步，同时将两手收回到右腰侧，两手大拇指相对。

十进品势 14

十进品势 14 侧面

十进品势 15a

15b： 右弓步不变，两手推岩式，两眼由两手之间直视前方。

十进品势 15b

十进品势 15b 侧面

十进品势 15b 正面

16: 身体逆时针旋转 90 度,略收左脚成马步姿势,同时双手刀中位格挡,掌心向上。

十进品势 16

十进品势 16 正面

17: 马步姿势不变,慢速双手刀低位开放式格挡。

十进品势 17

十进品势 17 正面

18： 慢速、有力地握拳成低位开放式格挡；当双手快要握成拳时，双腿由马步姿势站直成阔立步。

十进品势 18

十进品势 18 正面

19： 逆时针转体 90 度，左脚移动成左弓步，左拳上提。

20a： 左弓步不变，两手拉回右腰侧，两手大拇指相对。

十进品势 19

十进品势 20a

20b： 左弓步不变，双手推岩式，两眼由
两手之间直视前方。

21a： 右脚前踢。

十进品势 20b

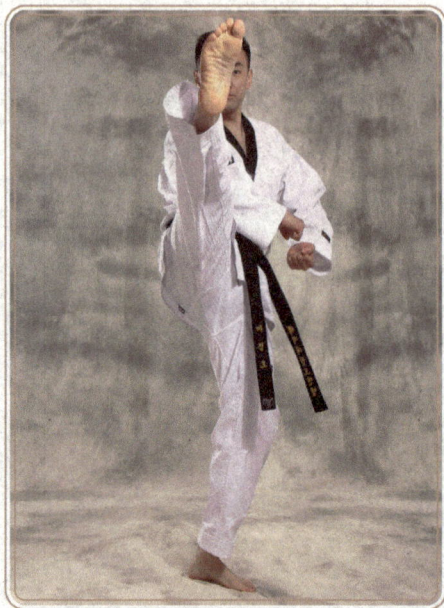

十进品势 21a

21b： 右脚落地成右弓步，同时双拳攻击。

22a： 左脚前踢。

十进品势 21b

十进品势 22a

22b: 左脚落地成左弓步，同时双拳攻击。

23a: 右脚前踢。

十进品势 22b

十进品势 23a

23b: 右脚落下时前跳，左脚在右脚后方成交叉步，同时右背拳高位攻击并发声。

24: 右脚为轴，左脚移动，逆时针转体 180 度成左弓步，双手推岩式。

十进品势 23b

十进品势 24

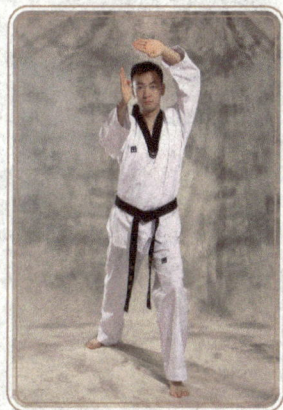

十进品势 24 正面

25： 左脚收回成左虎步，同时双手刀交叉下段格挡。

十进品势 25

十进品势 25 侧面

26： 右脚上步成左后弓步，同时双手刀中位格挡，右手掌心向上，左手掌心向下。

十进品势 26

十进品势 26 侧面

27： 左脚上步成右后弓步，同时双拳攻击。

十进品势 27

十进品势 27 侧面

28： 右脚上步成左后弓步，同时双拳攻击。

结束： 右脚移动还原成准备姿势。

十进品势 28

十进品势 28 侧面

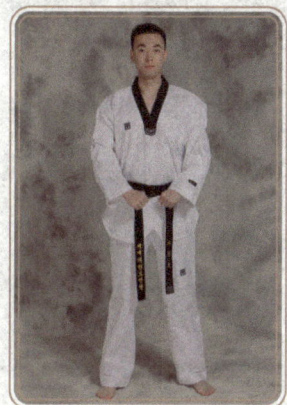

十进品势结束

六、地跆品势

　　地跆象征双脚踩着地面、努力、向往天空的人们。它诠释了人类生活的各种活动。地跆品势的动作路线是"⊥"，共由 28 个动作组合而成，它是黑带六段的练习品势。

开始： 从站立姿势开始到准备姿势，两脚距离约与肩同宽，目视前方。

1： 左脚移动成右后弓步，同时左手中位外格挡。

地跆品势开始

地跆品势 1

2a： 右脚上步成右弓步，同时慢速、有力地进行右手高位格挡。

地跆品势 2a

2b： 双脚不变，慢速、有力地用右手拉回对手，同时左手打出中位直拳。

地跆品势 2b

3： 左脚为轴，右脚移动，顺时针转体180度成左后弓步，同时右手中位外格挡。

地跆品势 3

4a： 左脚上步成左弓步，同时慢速、有力地进行左手高位格挡。

地跆品势 4a

4b：双脚不变，慢速、有力地用左手拉回对手，同时右手打出中位直拳。

5：右脚为轴，左脚移动，逆时针转体90度成左弓步，同时左手低位格挡。

地跆品势 4b

地跆品势 5

6：左脚回滑成右后弓步，同时左手单手刀高位格挡（动作 5 和动作 6 连接要稍快）。

7a：右脚前踢。

地跆品势 6

地跆品势 7a

7b：右脚落地成左后弓步，同时双手刀低位格挡。

8：双脚不变，慢速、有力地进行右手中位外格挡。

地跆品势 7b

地跆品势 8

9a：左脚前踢。

9b：左脚落地成右后弓步，同时双手刀低位格挡。

地跆品势 9a

地跆品势 9b

10： 左脚前移成左弓步，同时左手高位格挡。

11a： 右脚上步，左手下移放于胸前准备金刚拳攻击。

11b： 右脚上步成右弓步，同时金刚拳攻击（左手高位格挡，右手打出中位直拳）。

地跆品势 10

地跆品势 11a

地跆品势 11b

12a： 双脚不变，左手中位里格挡。

12b： 双脚不变，快速右手辅助格挡。

13： 右脚向后移步成右后弓步，同时左手单手刀低位格挡。

地跆品势 12a

地跆品势 12b

地跆品势 13

14a：右脚前踢。

14b、14c：右脚前踢后落在后面成左弓步，然后右手、左手依次打出中位直拳。

地跆品势 14a

地跆品势 14b

地跆品势 14c

15：右脚为轴，左脚移动，逆时针转体 90 度成马步姿势，同时公牛格挡。

地跆品势 15

地跆品势 15 正面

16：双脚不变，左手低位侧格挡。

地跆品势 16

地跆品势 16 正面

17：双脚不变，上身右转，同时右手单手
刀中位侧格挡。

18：双脚不变，左手握拳击打右掌并发声。

地跆品势 17

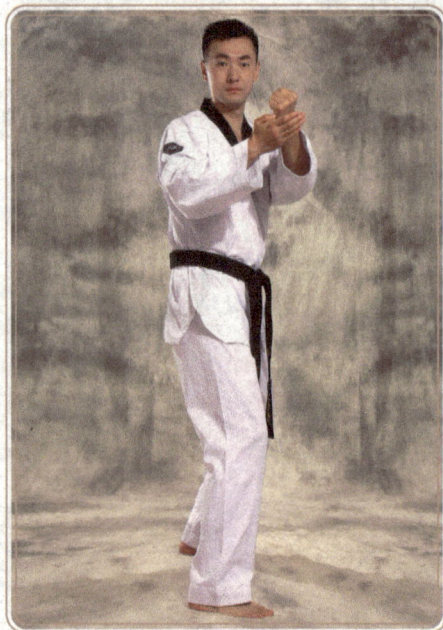

地跆品势 18

19： 提起右脚成左鹤步，同时右手低位侧格挡。

20a： 步法不变，左小铰链格挡。

地跆品势 19

地跆品势 20a

20b： 右脚侧踢。

21： 右脚落地，提起左脚成右鹤步，同时左手低位侧格挡。

地跆品势 20b

地跆品势 21

22： 步法不变，右小铰链格挡。

地跆品势 22

23a： 左脚侧踢。

地跆品势 23a

23b： 左脚落地成左弓步，同时右手打出中位直拳。

地跆品势 23b

24： 右脚上步成右弓步，同时右手打出中位直拳并发声。

地跆品势 24

25：右脚为轴，逆时针转体270度，左脚移动成右后弓步，同时双手刀低位格挡。

26：右脚上步成左后弓步，同时双手刀中位格挡。

地跆品势25

地跆品势26

27：左脚为轴，顺时针转体180度，右脚移动成左后弓步，同时双手刀低位格挡。

28：左脚前移成右后弓步，同时双手刀中位格挡。

结束：左脚移动还原成准备姿势。

地跆品势27

地跆品势28

地跆品势结束

七、天拳品势

　　天拳的寓意为宇宙中创造的和变化的无穷能量。天拳品势的动作路线为"丁"，共由26 个动作组合而成，是黑带七段的练习品势。

丁

开始： 从站立姿势开始，变为双手合一式，两手提起并合一，左手在上，右手在下，提至胸部再下落至小腹，与身体大约一拳距离。

1a： 保持站立姿势，吸气的同时将两手提至胸前，左手在右手之上。

天拳品势开始

天拳品势 1a

1b: 呼气的同时两手向身体两侧推掌，掌心向外，成展翅姿势。

天拳品势 1b

2a: 快速收回两手到腹部，然后提至胸前及头顶上方，同时双腿屈膝，右脚脚跟上抬，左脚略后移。

天拳品势 2a

2b: 双手自头顶上方向外打开，即在空中画弧，到弧的底部时双手变为中指拳。

天拳品势 2b

2c: 左脚继续后移成右虎步，双手中指拳上击。

天拳品势 2c

3：右脚向前上步成右弓步，同时左手单手
刀拧转格挡。

天拳品势 3

4a：左手慢速、有力地抓住对手手腕扭转
回拉。

天拳品势 4a

4b：继续回拉的同时左脚上步成左弓步，
然后慢速、有力地用右手打出中位直拳。

天拳品势 4b

5：双脚不变，右手单手刀拧转格挡。

天拳品势 5

6a、6b： 右手慢速抓住对手手腕扭转回拉。在回拉的同时右脚上步成右弓步，然后慢速、有力地用左手打出中位直拳。

天拳品势 6a

天拳品势 6b

7a、7b： 双脚不变，左手单手刀刀拧转格挡。左手慢速抓住对手手腕拧转回拉。

天拳品势 7a

天拳品势 7b

8a、8b：左脚侧踢并发声。左脚落地成左弓步，同时左手低位格挡。

天拳品势 8a

天拳品势 8b

9：右脚上步成右弓步，同时右手打出中位直拳。

10：右脚为轴，左脚移动，逆时针转体270度成右后弓步，同时左手中位外格挡，右手辅助。

天拳品势 9

天拳品势 10

11a： 提起左臂轮过头顶然后向外（在实战中用以挣脱对手对自己的手腕的控制），接着准备侧拳。

11b： 左手打出中位侧拳。

天拳品势 11a

天拳品势 11b

12a： 左手轮过头顶然后向外（在实战中用以挣脱对手对自己的手腕的控制），同时右脚上步。

12b： 右脚上步后成左后弓步，同时右手打出中位侧拳。

天拳品势 12a

天拳品势 12b

13：左脚为轴，右脚移动，顺时针转体180度成左后弓步，同时右手中位外格挡，左手辅助。

天拳品势 13

14a：右手轮过头顶然后向外（在实战中用以挣脱对手对自己的手腕的控制），接着准备侧拳。

天拳品势 14a

14b：右手打出中位侧拳。

天拳品势 14b

15a：右手轮过头顶然后向外（在实战中用以挣脱对手对自己的手腕的控制），同时左脚上步。

天拳品势 15a

15b： 左脚上步后成右后弓
步，同时左手打出中位侧拳。

16： 右脚为轴，左脚移动，逆时针转体90度成左弓步，
同时右手前臂外旋中位格挡。

天拳品势 15b

天拳品势 16

天拳品势 16 侧面

17： 左弓步不变，左手打出中位直拳。

18a： 右脚前踢。

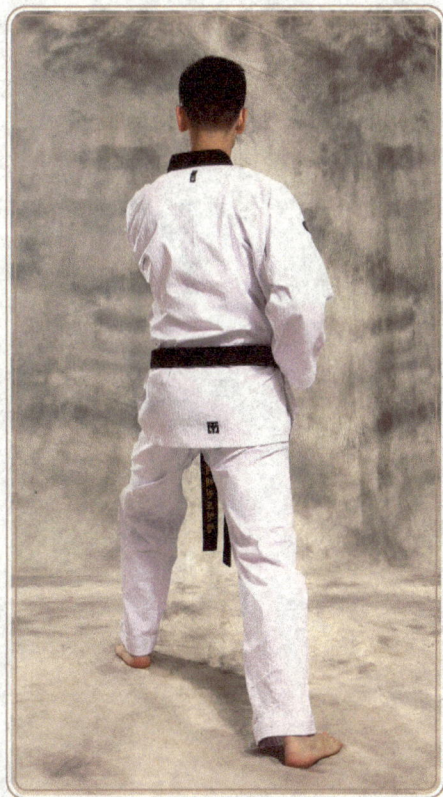

天拳品势 17

天拳品势 18a

18b: 右脚落下成右弓步，同时右手打出中位直拳。   **19:** 右脚收回成左后弓步，同时双手刀低位格挡。

天拳品势 18b

天拳品势 19

天拳品势 19 侧面

20a: 快速滑步，重心放在左脚，然后右脚上步，让左脚靠近右脚，同时右手中位格挡。双臂在胸前交叉时左掌击右前臂。

天拳品势 20a

天拳品势 20a 侧面

20b: 继续前滑，右脚移动成左后弓步，同时右手低位格挡，双臂在胸前交叉时左掌击右前臂。

天拳品势 20b

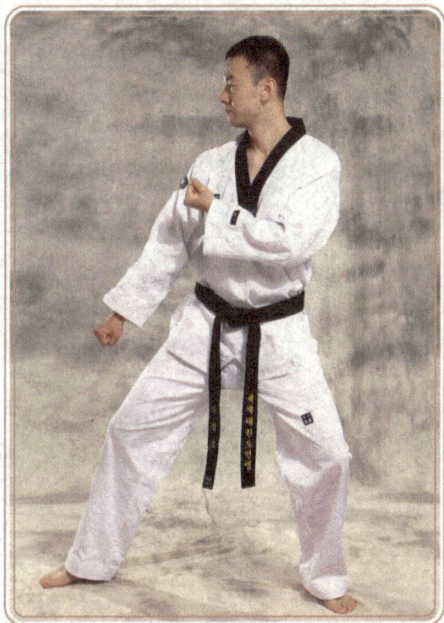

天拳品势 20b 侧面

21: 右脚前移成马步姿势，同时进行金刚拳攻击。

天拳品势 21

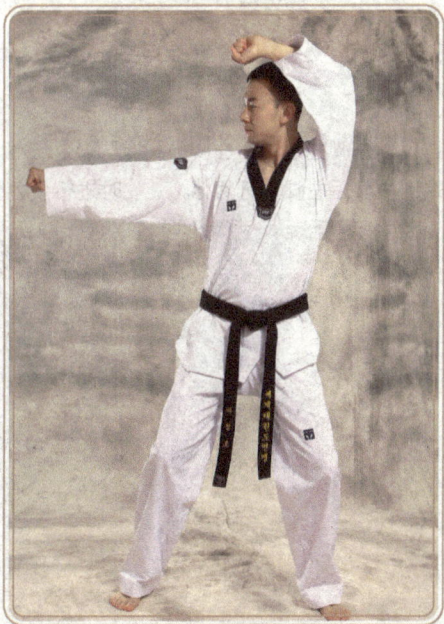

天拳品势 21 侧面

22a： 开始跳转身，重心移到右脚，提起左脚。

22b： 右脚蹬地起跳，身体在空中逆时针旋转 90 度，左脚开始下降。

天拳品势 22a

天拳品势 22b

22c： 左脚先落地，右脚须踢到左掌后左脚方可落地。

22d： 继续逆时针转体 180 度，右脚落地成马步姿势，同时进行金刚拳攻击。

天拳品势 22c

天拳品势 22d

天拳品势 22d 侧面

23: 双脚不动，逆时针转体 180 度成右后弓步，同时慢速左手刀单山格挡。

天拳品势 23

天拳品势 23 侧面

24: 双脚不动，顺时针转体 180 度成左后弓步，同时慢速右手刀单山格挡。

天拳品势 24

天拳品势 24 侧面

25a： 滑动左脚成立正姿势，双脚并拢，双手在小腹前叠起，然后上提至胸前、面部和头上方，向外打开。

25b： 当手到达躯干位置时，右脚上步成右虎步，同时推山掌（左手在上，右手在下，掌心向外，向前慢速、有力推进）。

26a： 右脚收回成立正姿势，收回双手叠放于小腹之前，然后上提至胸前、面部和头上方，向外打开。

天拳品势 25a

天拳品势 25b

天拳品势 26a

26b： 当手到达躯干位置时，左脚上步成左虎步，同时推山掌（右手在上，左手在下，掌心向外，向前慢速、有力推进）。

结束： 左脚移动还原成双手合一式。

天拳品势 26b

天拳品势结束

八、汉水品势

汉水的寓意为"水"，它是万物生存和成长的根源。在练习汉水品势时，动作应如水一般柔和、平静却又充满力量。汉水的动作路线是中文的"水"字，共由 27 个动作组成，是黑带八段的练习品势。

水

开始：从站立姿势开始到双手合一式，两脚并拢，目视前方。

1：左脚上步成左弓步，同时双手刀中位桥格挡。

汉水品势开始

汉水品势 1

2：右脚上步成右弓步，同时双锤拳由外向内攻击。

3：右脚后撤一步成右弓步，同时单山格挡。

汉水品势 2

汉水品势 3

4：转移重心成左弓步，同时右手打出中位直拳。

5：左脚后撤一步成左弓步，同时单山格挡。

汉水品势 4

汉水品势 5

6：转移重心成右弓步，同时左手打出中位直拳。

汉水品势 6

7：右脚后撤一步成右弓步，同时单山格挡。

汉水品势 7

8：转移重心成左弓步，同时右手打出中位直拳。

汉水品势 8

9：右脚上步成右弓步，同时双手刀中位桥格挡。

汉水品势 9

10： 左脚向左 45 度方向上步成左弓步，同时左手弧手攻击。

11： 向前跳步成右辅助步，同时双手勾拳。

汉水品势 10

汉水品势 11

12： 左脚后滑成马步姿势，同时低位目标格挡。

13： 右脚后移成右后弓步，同时双手刀金刚格挡。

汉水品势 12

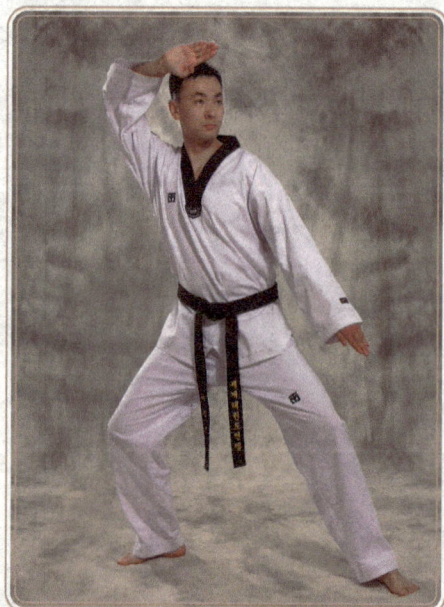

汉水品势 13

14: 右脚为轴,顺时针转体 90 度成右鹤步,同时右小铰链格挡。

15a、15b: 左脚侧踢。左脚落地成左弓步,同时左手高位格挡,右手手刀横砍并发声。

汉水品势 14

汉水品势 15a

汉水品势 15b

16a、16b: 右脚前踢。右脚落地成左后交叉步,同时右手背拳攻击并发声。

汉水品势 16a

汉水品势 16b

17：左脚向左后方迈步成马步姿势，同时左手刀侧击。

汉水品势 17

18a：左脚为轴，右脚以左手为目标做里合腿。

汉水品势 18a

18b：右脚落地成马步姿势，同时右肘攻击。

汉水品势 18b

19a：左脚向右脚并拢，收手为弧手攻击做好准备。

汉水品势 19a

19b：右脚立刻上步成右弓步，同时右手弧手攻击。

汉水品势 19b

20：前跳成右辅助步，同时双手勾拳。

汉水品势 20

21：右脚回步成马步姿势，同时低位目标格挡。

汉水品势 21

22：左脚后移成左后弓步，同时双手刀金刚格挡。

汉水品势 22

23：左脚为轴，顺时针转体90度成左鹤步，同时左小铰链格挡。

汉水品势 23

24a：右脚侧踢。

汉水品势 24a

24b：右脚落地成右弓步，同时右手高位格挡，左手手刀横砍。

汉水品势 24b

25a：左脚前踢。

汉水品势 25a

25b： 左脚落地成右后交叉步，同时左背拳攻击并发声。

26： 右脚向右后方迈步成马步姿势，同时右手刀侧击。

汉水品势 25b

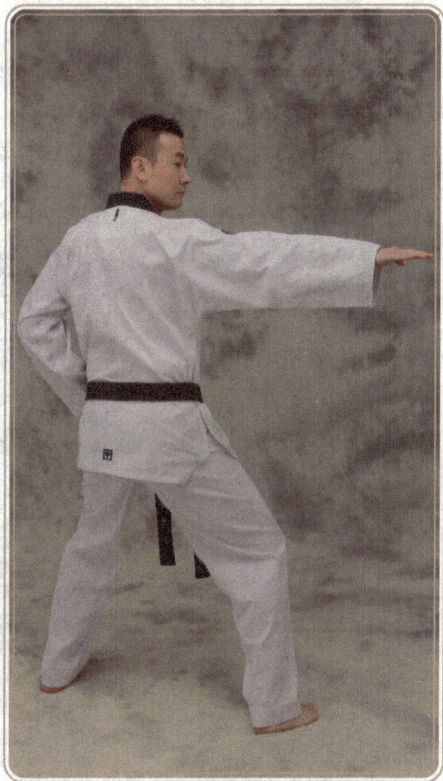

汉水品势 26

27a： 右脚为轴，左脚以右手为目标做里合腿。

27b： 左脚落地成马步，同时左肘攻击。

结束： 右脚移动还原成双手合一式。

汉水品势 27a

汉水品势 27b

汉水品势结束

九、一如品势

一如品势阐述了人的身与心、精神与物质的统一。经过练习一如品势，跆拳道练习者能净化思想，聚焦于每一个存在的瞬间，从而达到身体与精神合一的阶段。一如品势由23个动作组合而成，是黑带九段的练习品势。

开始：从站立姿势开始到抱拳准备姿势，两脚并拢，目视前方。

一如品势开始

1：左脚上步成右后弓步，同时双手刀中位格挡。

2：右脚上步成右弓步，同时右手打出中位直拳。

一如品势 1

一如品势 2

3：右脚为轴，左脚移动，逆时针转体 90 度成右后弓步，同时金刚格挡。

一如品势 3

4：右脚为轴，左脚移动，逆时针转体 90 度成右后弓步，同时双手刀中位格挡。

一如品势 4　　　　　　　　　　　　　　　　一如品势 4 侧面

5：双脚不动，同时右手打出中位直拳。

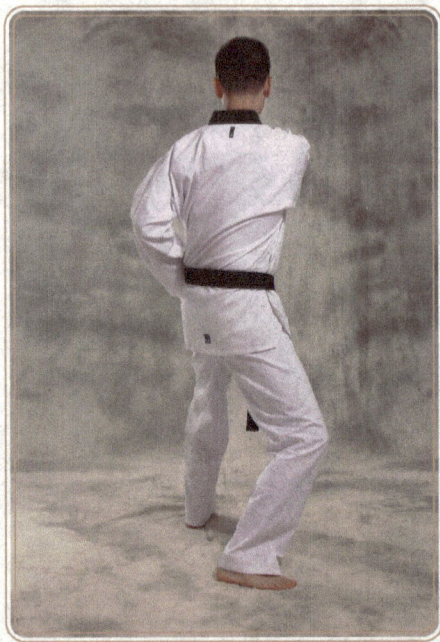

一如品势 5

一如品势 5 侧面

6：向前跳步，右脚落地成右鹤步，同时右手刀前刺并发声。

一如品势 6

一如品势 6 侧面

7：右脚单脚站立，然后慢速左脚侧踢，同时单山格挡。

一如品势 7

一如品势 7 侧面

8：左脚落地成右后弓步，同时快速高位交叉格挡。

一如品势 8

一如品势 8 侧面

9a、9b: 双手拧转，回拉对手手腕，同时右脚向前迈步成右弓步，右手打出中位直拳。

一如品势 9a

一如品势 9b

一如品势 9b 侧面

10: 右脚为轴，左脚移动，逆时针转体 90 度成右后弓步，同时金刚格挡。

11: 右脚为轴，左脚移动，逆时针转体 90 度成右后弓步，同时双手刀中位格挡。

一如品势 10

一如品势 11

12：双脚不动，同时右手打出中位直拳。

一如品势 12

13：向前跳步，右脚落地成右鹤步，同时右手刀前刺并发声。

一如品势 13

14：右脚单脚站立，然后慢速左脚侧踢，同时单山格挡。

一如品势 14

15：左脚落地成左后弓步，同时高位交叉格挡。

一如品势 15

16： 双手拧转，回拉对手手腕，同时右脚上步成右弓步，右手打出中位直拳。

一如品势 16

17： 左脚移动成右后弓步，同时金刚格挡。

一如品势 17

18： 右脚为轴，左脚移动，逆时针转体180 度成并立步，同时双拳收回腰部。

一如品势 18

19a： 右脚前踢。

一如品势 19a

19b： 右脚落在前面，然后左跳侧踢。

19c： 双脚落地成右后弓步，同时双手高位交叉格挡。

一如品势 19b

一如品势 19c

20a、20b： 双手拧转，回拉对手手腕，同时右脚上步成右弓步，右手打出中位直拳。

一如品势 20a

一如品势 20b

21： 左脚移动，成右后弓步，同时金刚格挡。

22： 右脚为轴，左脚移动，逆时针转体180度成并立步，同时两拳收回腰部。

一如品势 21

一如品势 22

23a： 左脚前踢。

23b： 左脚在前方落地，然后右跳侧踢。

一如品势 23a

一如品势 23b

23c: 双脚落地成左后弓步，同时双手高位交叉格挡。

结束: 左脚为轴，右脚移动，还原成抱拳准备姿势。

一如品势 23c

一如品势结束

第四章
跆拳道击破、对打与自卫术

마
정
호

세
계
태
권
도
연
맹

第一节 ｜ 跆拳道击破

　　击破是跆拳道训练的重要组成部分，更是跆拳道功力测试和跆拳道表演的重要手段之一。相信大家都看过这样的场景：一个身穿道服的跆拳道黑带练习者面对一叠厚厚的木板，大喝一声并一脚踢过去，结果木板被强大的冲击力震碎！那么，为什么跆拳道要练习击破？练习击破又有哪些注意事项？

一、为什么击破

　　（1）击破可以作为有效的训练手段，提升练习者的击打能力。

　　（2）击破可以锻炼练习者集中注意力的能力。

　　（3）练习者的身体和精神可以通过练习击破达到和谐统一。

　　（4）成功的击破可以提升练习者的自信。

　　（5）成功的击破可以让练习者体验到克服困难的快乐。

二、击破注意事项

　　（1）挑选合适的木板。根据练习者的水平挑选合适的木板是非常重要的。如果木板过于厚重，超出了练习者现有的水平会导致其受伤。木板的规格按厚度划分，如2厘米、3厘米厚等；另外，就是检查木板的质量，不要使用坏掉的木板。

　　（2）击破能否成功很大程度上取决于持木板者。持木板者需要注意的是：第一，尽量使头部远离木板，以免受伤；第二，不要使木板移动，如果木板后移会降低击破者的冲击力，从而导致木板难以被击破；第三，较厚的木板或几块木板的击破需要两个以上的持板者或借助辅助器械，以免持板者被巨大的冲击力震伤。

　　（3）时刻注意安全，包括击破者的安全与持板者的安全。所有的击破练习都应该在有经验的教练的指导下进行，以免受伤。

　　（4）力量的运送为自身体重—转体的力量—肌肉的力量—击打时的瞬间爆发力。

　　（5）在真正击破之前先用练习板来练习，形成正确的技术动作，从而减少受伤的可能性。

三、持木板方法

　　持木板者在跆拳道击破里扮演重要的角色，正确的持板不仅可以保证击破者顺利地完成击破动作，更可以有效地避免双方受伤。正确的持板方式应该是大拇指和其余四指分别握住木板的两端或两面，单手或双手均可，具体视击破的动作而定。

四、击破练习

　　（1）直拳击破。

　　（2）掌击破。

　　（3）肘击破。

　　（4）前踢击破。

　　（5）横踢击破。

　　（6）下劈击破。

　　（7）后踢击破。

　　（8）旋风踢击破。

　　（9）各种组合动作击破。

第二节 | 跆拳道对打

　　跆拳道对打是指跆拳道练习者和搭档一起练习跆拳道步法、防守和进攻技术的训练方法。它包含了一步对打和两步对打等。对打练习可以帮助练习者培养距离感、把握时机、提高准确性、技术控制、尊敬对手和拥有团队合作精神。在对打的高级阶段，技术要求逐渐复杂，可以帮助练习者培养动作组合能力、速度和技术熟练度。

一、对打的训练目标

　　（1）培养"以礼始，以礼终"的跆拳道精神。

　　（2）训练基本技术。

　　（3）攻防技术的综合运用。

　　（4）动作的标准度。

　　（5）距离感的掌握。

　　（6）时机和合作。

　　（7）速度和熟练度。

二、对打练习

　　（1）进攻方：上步弓步直拳。防守方：侧滑步里格挡，中、高位直拳。

　　（2）进攻方：上步弓步直拳。防守方：左跨步，左手中位里格挡，中、高位双肘击，抓住对方双肩膝击对方腹部。

　　（3）进攻方：上步弓步直拳。防守方：里合腿踢对方手臂，相同腿落地继续抬腿迅速侧踢对方腹部。

　　（4）进攻方：上步弓步直拳。防守方：左脚外摆腿踢对方手臂，右脚前踢对方腹部，横踢对方头部。

　　（5）进攻方：上步弓步高位直拳。防守方：右脚上步右手高位格挡，同时左手打出直拳，右手抓住对方手腕，右脚侧踢对方膝关节。

第三节 | 跆拳道自卫术

　　很多练习者学习跆拳道是为了在危急时刻进行自我防卫，而防身自卫也是跆拳道的重要作用之一。跆拳道本身就是源于人类长期与外界进行斗争求生存，这也是跆拳道区别于其他体育项目的特点之一。虽然现在已经有了先进的武器和较好的安保条件，但是徒手格斗依然在近距离搏斗中显示出巨大的威力。

一、自卫术原则

　　（1）安全意识：预防为主，提高安全意识。例如，在偏僻的小路上就要提高警惕，以防突发事件。

　　（2）自身的安全放在第一位：遇到了危险，首先要想怎么保证自己的安全。

　　（3）观察环境：地形状况、对方有没有武器、对方是一个人还是几个人等。

　　（4）防身自卫：在十分危急的情况下进行自我防护。

　　（5）不拘泥于形式：自卫术不同于竞技比赛，因为它没有规则；也不同于品势，因为它没有规定动作。在防身自卫时不要拘泥于形式，用最简单、直接的技术快速击败对手，保证自身的安全。

二、自卫术练习

　　（1）进攻方：抓住防守方衣领。防守方：双手抓住进攻方手腕侧面，后撤一步，向内下方向拉对方，同时按压进攻方肘关节。

　　（2）进攻方：从后面连同对方双臂抱住防守方。防守方：快速抬起双臂，同时身体下沉成马步姿势，双肘交替后击对方肋部，上步后踢对手腹部。

　　（3）进攻方：从前面锁住防守方颈部。防守方：上步，双手抱住对方，用脚绊倒进攻方，拳击对方面部。

　　（4）进攻方：从前面抓住防守方两手腕。防守方：手腕外翻抓住进攻方手腕，后撤步向下拉对方，前踢加后踢攻击。

　　（5）进攻方：从前面抓住防守方肩部。防守方：一只手抓住进攻方手臂，脚伸到进攻方后方，另一只手为掌攻击对方颈部，将进攻方摔倒。

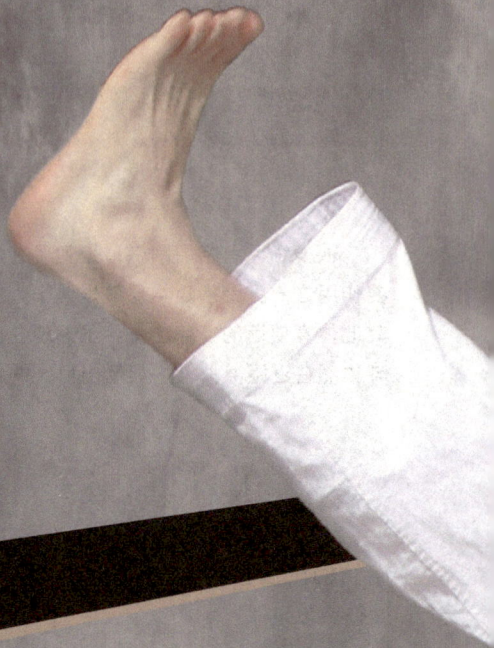

第五章
跆拳道体能训练和营养基础

第一节 | 跆拳道体能训练

体能是一切技术运用的根基，如果没有良好的身体素质作为基础，技术的运用也就无从谈起。在整个跆拳道训练系统中，无论是竞技、品势、击破还是自卫术都需要良好的体能作为基础。没有耐力会使练习者在比赛中没有体力去战斗或影响技战术的发挥，而缺乏力量则无法达到良好的攻击效果，所以良好的身体素质对每一个跆拳道练习者来说都至关重要。

一、耐力训练

跆拳道比赛异常激烈，一场比赛分三局，每局两分钟，而且常常在一天之内进行连续几场比赛，所以对耐力要求较高。良好的耐力素质是技战术有效发挥的前提。耐力训练方法很多，下面列举一些常用的方法。

（1）中长跑：3000～10000米。

（2）跳绳：可按比赛时间计时。

（3）长时间模拟比赛。

（4）变速跑（快跑30～60米，然后慢跑30～60米，重复多次，依照训练目标而定）。

（5）长时间练习各类对抗体育项目，如足球、篮球等。

（6）间歇跑。

（7）长时间技战术练习。

二、SAQ 训练

SAQ 是指 Speed（速度）、Agility（灵敏）、Quickness（反应）。速度是指身体朝一个既定方向最快速的移动能力；灵敏是指身体在保持正确移动姿势的同时加速、减速和改变方向的能力；反应是指整个身体快速对信号或外界情况进行正确反应和采取相应动作的能力。在跆拳道训练和比赛中，双方要在快速移动的情况下运用技术动作，所以其对练习者的速度、灵敏和反应都有很高的要求。常用训练方法如下。

（1）速度：各种距离的冲刺跑（30 米、50 米、100 米、400 米等）、提膝训练等。

（2）灵敏：折返跑、单脚跳、速度踢等。

（3）反应：信号跑，根据信号做相应技术动作、实战等。

三、力量训练

力量素质就是人体在运动时克服外界阻力的能力。力量素质是其他运动素质的基础，良好的力量素质可以帮助跆拳道运动员在比赛和训练中预防受伤。力量素质可分为最大力量、快速力量和力量耐力，在安排训练时要根据跆拳道的专项特点对不同的力量素质进行针对性训练。常用训练方法如下。

（1）克服自身重量的训练：俯卧撑、仰卧起坐、仰卧举腿、两头起、深蹲跳等。

（2）器械训练：杠铃深蹲、杠铃卧推、杠铃硬拉、负重弓箭步、哑铃飞鸟等。

（3）负重踢腿：在小腿上绑沙袋踢腿等。

四、柔韧性训练

柔韧性是指人体各个关节、肌肉和韧带活动的能力。常用的训练方法如下。

（1）压腿。

（2）劈叉。

（3）踢腿。

（4）教练或同伴帮助自己压腿。

五、抗击打训练

抗击打能力是指人体对外来击打的承受力。由于跆拳道的项目特点，双方都有可能在训练和比赛中被对方击中，所以良好的抗击打能力是非常重要的。在进行抗击打练习时，注意力度要适合练习者的水平，常用训练方法如下。

（1）自我抗击打练习：指自己踢击沙袋或用相关器械让身体各个部位进行抗击打练习。

（2）实战练习：在实战中身体自然会受到击打，从而锻炼身体的抗击打能力。

（3）同伴练习：指两个同伴互相攻击对方指定部位。

第二节 跆拳道营养基础

跆拳道训练的体能消耗较大，良好的营养补充可优化训练效果。此处论述一些基本的营养学知识，以便练习者进行合理的营养搭配。合理的营养搭配可以保证人体器官和肌肉组织的生长和修复。在高强度的跆拳道训练和比赛中，如果有良好的营养作为基础，可以达到事半功倍的效果。另外有的运动员或练习者需要减脂或降体重，只有结合营养基础和科学训练才能达到目的。

一、每天的能量需要

人体每天的热量消耗主要由三个不同的要素组成。

第一个要素：静息代谢率（Resting Metabolic Rate），它是指人体在休息的时候消耗的热量，它大约占了人体热量总消耗的 70%。

第二个要素：食物热量影响（Thermic Effect of Food），它是指除去基础代谢后，人体消化食物所消耗的热量，它占人体热量总消耗的 6% ~ 10%。

第三个要素：身体运动的热量消耗（Energy Expended During Physical Activity），它是指除去基础代谢率和食物的热量影响外，由人体的运动所消耗的热量，它大约占了人体热量总消耗的 20%。

要计算出人体每天大概的能量消耗，可以使用以下公式进行非常简单的估算。

第一步：体重（磅）（1 磅 ≈ 0.45 千克，余同）× 10 = 静息代谢率

第二步：静息代谢率 × 运动水平（看下页上方的表）＝每日总热量消耗

19 岁及以上年龄中等体型的身体运动水平指标如下。

非常轻度的运动	久坐、办公室工作、开车、做饭等	1.2 ～ 1.3
轻度运动	30 分钟的低强度运动，如散步	1.5 ～ 1.6
中度运动	除了轻度的运动外，还参加其他健身或体育运动，每周 3 ～ 4 小时	1.6 ～ 1.7
高强度运动	重体力劳动者、运动员或健身狂热者	1.9 ～ 2.1

例如，一个跆拳道运动员，体重 190 磅。

第一步：190 磅 × 10 = 1900 RMR（静息代谢率）

第二步：1900 RMR × 2.1（高强度运动）= 每天消耗 3990 千卡热量

根据每天的能量消耗，我们可以得出该跆拳道运动员每天需要摄入的热量。如果需要增重，练习者可以适当地增加热量摄入，需要减重的练习者可以适当地控制热量摄入并增加运动量。人体能量的摄入来自食物，而食物主要通过碳水化合物、脂肪和蛋白质来提供热量。下面是三种能源物质的热量含量：碳水化合物（4.1 千卡 / 克），蛋白质（4.3 千卡 / 克），脂肪（9.3 千卡 / 克）。

二、营养要素

维持良好身体健康状况和从事跆拳道专项训练需要正确的饮食作为保障，以下是维持人体良好状态的六大营养素。

（1）蛋白质 (Protein)：蛋白质的主要功能是构建和修复人体的组织和肌肉、运送氧气及其他养分、制造酶、促进血液的凝固等。下面是建议的摄入量。

运动水平	每千克体重所需的蛋白质（克）
普通成年人	0.8
力量型运动员	1.2 ～ 1.7
耐力型运动员	1.2 ～ 1.4

研究表明，过多地摄入蛋白质不会带来正面的影响，而且长期过多摄入蛋白质会对人体带来负面的影响。下面几点跆拳道练习者应该注意。

第一，蛋白质虽然很重要，但是它的摄入是有度的，长期超量摄入会对人体健康造成不好的影响。

第二，分散摄入有助于消化。

第三，建议由蛋白质来提供 10%～35% 的热量。

（2）碳水化合物（Carbohydrates）：它是由碳、氢和氧 3 种元素组成的，它是人体最重要的营养素之一。葡萄糖、蔗糖、淀粉和纤维素都属于糖类化合物。碳水化合物的主要功能是不断给身体细胞提供能源，保证神经系统维持正常生理功能，预防低血糖和延缓疲劳的发生等。下面是一些基本的建议。

第一，按照 6～10 克碳水化合物／千克体重的标准摄入碳水化合物，应该保持 45%～65% 的热量来自碳水化合物。

第二，运动前 2～4 小时要食用富含碳水化合物的食物。

第三，在超过 1 小时的运动中要保证碳水化合物的摄入以保证训练效果最优化，如优质的运动饮料。

第四，运动后及时饮用富含碳水化合物的饮料（1.5 克／千克），在 0.5 小时之内饮用可以加快人体糖原的恢复。

第五，食用不同种类和颜色的水果和蔬菜。

（3）脂质（Lipids）：它是油、脂肪和固醇类等的总称，是人体重要的营养素之一。脂肪的热量含量是每克 9.3 千卡，比碳水化合物（4.1 千卡／克）和蛋白质（4.3 千卡／克）高出两倍多。脂肪的主要功能是运送脂溶性维生素（维生素 A、维生素 D、维生素 E 和维生素 K）、保护内脏和为身体提供能量来源等。在每一顿正餐中，应该有 25%～30% 的热量来自脂肪。

（4）水（Water）：水是生命之源，人体体重的 60% 是由水构成的。水的主要功能是运送养料、激素和代谢废物，帮助身体稳定，协助营养的消化和吸收等。以下是在训练中对于水的使用建议，具体实施要根据个人的需要而调整。

第一，做好运动前、运动中和运动后的补水。

第二，超过 1 小时的运动最好喝优质的运动饮料。

（5）维生素（Vitamins）：人体需要的维生素是非常少量的，维生素也不能用来产生人体所需的能量，但是它对维持生命非常重要。

（6）矿物质（Minerals）：人体内最少有 31 种化学元素，其中 24 种以矿物质形式存在，是维持生命的必需营养素。人体主要从食物和水中摄取矿物质。在正常饮食下，一般很少有缺乏矿物质的现象。矿物质的功能主要是协助身体代谢、构成牙齿和骨骼、用作电解质来控制和维持体液平衡等。

参考文献

[1] 中国跆拳道协会 . 中国大众跆拳道教程 [M]. 北京：人民体育出版社，2009.

[2] 杜七一 . 现代跆拳道教程 [M]. 武汉：湖北科学技术出版社，2007.

[3] 刘卫军 . 跆拳道 [M]. 北京：北京体育大学出版社，2000.

[4] 陈筑，汪爱平，杨庆辞 . 跆拳道 [M]. 北京：北京师范大学出版社，2011.

[5]Kukkiwon. Taekwondo textbook [M]. Seoul: OSUNG Publishing Company, 2005.

[6]Lee K H, Kim S H. Complete Taekwondo poomsae: the official taegeuk, palgwae, and black belt forms of taekwondo [M]. Santa Fe: Turtle Press, 2007.

[7]Kang I, Song N. The explanation of official taekwondo poomsae [M]. Seoul: Sang-a Publishing Company, 2007.

[8]Baechle T R, Earle R W. Essentials of strength training and conditioning [M]. 3rd ed. Champaign: Human Kinetics, 2008.

[9]Kim S H. Taekwondo kyorugi: Olympic style sparring [M]. 2nd ed. Wethersfield: Turtle Press, 1999.

[10]Kil Y S. Competitive taekwondo: winning training and tactics [M]. Champaign: Human Kinetics, 2006.

作者简介

马程浩

　　韩国国技院（Kukkiwon）跆拳道黑带五段；跆拳道国家一级裁判；中国武术协会武术五段；美国综合格斗体适能协会注册综合格斗体能教练；美国国家运动医学学会（NASM）注册私人健身教练、营养学教练；美国体育运动教练员协会（NESTA）注册私人健身教练；IFBB 国际健美联合会注册健身教练。

在线资源访问说明

　　本书提供了八卦品势的分步骤图解说明，您可通过微信"扫一扫"，扫描本页的二维码进行观看。

（打开微信"扫一扫"）

步骤1：点击微信聊天界面右上角的"+"，弹出功能菜单。

步骤2：点击弹出的功能菜单上的"扫一扫"，进入该功能界面。

步骤3：对准下方二维码进行扫描。

（通过微信"扫一扫"扫描右侧二维码即可观看）

■ 如果您已关注微信公众号"人邮体育"，扫描后可直接观看。
■ 如果您未关注微信公众号"人邮体育"，扫描后会出现"人邮体育"的二维码。请根据说明关注"人邮体育"，并点击"资源详情"即可观看。